让顾客都成为回头客

吉野家的经营之道

吉野家 もっと挑戦しろ！もっと恥をかけ！

[日]安部修仁 著
王猛 译

中信出版集团 | 北京

图书在版编目（CIP）数据

让顾客都成为回头客：吉野家的经营之道 /（日）安部修仁著；王猛译 . -- 北京：中信出版社，2019.5

ISBN 978-7-5217-0353-5

Ⅰ . ①让… Ⅱ . ①安… ②王… Ⅲ . ①饮食业－商业经营－经验－日本 Ⅳ . ① F733.136.93

中国版本图书馆 CIP 数据核字（2019）第 062904 号

让顾客都成为回头客——吉野家的经营之道

著　　者：[日] 安部修仁
译　　者：王猛
出版发行：中信出版集团股份有限公司
（北京市朝阳区惠新东街甲 4 号富盛大厦 2 座　邮编　100029）
承 印 者：中国电影出版社印刷厂

开　　本：880mm × 1230mm　1/32　　印　　张：8.25　　字　　数：136 千字
版　　次：2019 年 5 月第 1 版　　印　　次：2019 年 5 月第 1 次印刷
京权图字：01－2019－2011　　广告经营许可证：京朝工商广字第 8087 号
书　　号：ISBN 978－7－5217－0353－5
定　　价：48.00 元

吉野家

目　录

第 二 章

新与旧共存的吉野家——
吉野家完全由松田瑞穗缔造出来

第 三 章
革命前夜——吉野家三件大事之一：破产重组背后的故事

第 四 章
尝试低价销售引发的挑战——吉野家三件大事之二：“中碗牛肉饭250日元促销活动”风波

第 五 章
消失的牛肉饭——吉野家三件大事之三：停止进口美国牛肉的2年零9个月

第六章
回应有关对吉野家的“不可思议”的认识

第七章
吉野家的基因——吉野家要成为真正的吉野家

让顾客都成为回头客

VI

序　言
写给吉野家最尊敬的顾客

在此，向吉野家的顾客们表示衷心的感谢！

作为吉野家的实际创始人，松田瑞穗经常提醒大家的一句话就是："企业只为顾客而存在。"正是在这种精神的指引下，他用与众不同的创新性思维创造了"一家有味道的店铺""一家有味道的企业"。作为一位旷世的企业家，松田瑞穗将他的一生奉献给了吉野家以及对我们这些年轻职员的培育。

在此，我们可以自豪地说：我们会将这种理想信念传承下来，并在此基础上形成"吉野家风格"。

在各种不利条件同时出现的情况下，吉野家曾一度陷入破产的境地。但是在企业重建托管人增冈章三的领导下，这种由于企业面临破产和重建等外部环境发生骤变而出现突变的"进化型基因"，成就了今天具有独特风格的吉野家。

回顾过去，从始至终未曾改变的就是顾客至上和重视员工培养的经营理念。因此，我们能够挺起胸脯骄傲地说“重视人的因素”就是吉野家的特点，这也是我们感到自豪的地方。

在此，我与大家分享一个具有代表性的故事。

这件事发生在令人难忘的2003年的圣诞夜。当时，美国发生了疯牛病疫情（BSE，也称牛脑海绵状病）。疫情发生后，日本全面禁止进口原产地为美国的牛肉。后面，我会给大家详细介绍事情发生的经过。在此之前，从20世纪70年代开始，吉野家就独家研发“吉野家调味料”，而这种调味料的主要配料是以谷物为主要饲料的美国牛的牛胸腹肉（牛肋骨上的肉）。这种搭配已经成为吉野家的标准配置，开创了吉野家独特的口味。

因此，如果将牛肉换成用草料饲养的牛肉的话，那么做出来的牛肉饭的口味就会不同。无论是从顾客的角度，还是从吉野家的角度而言，这种不同口味的牛肉饭已经不再是传统的“吉野家牛肉饭”。因此，为了维护顾客对吉野家的信任，公司决定停止销售牛肉饭。

停止销售牛肉饭两年半之后，期待已久的美国牛肉进口禁令解除，牛肉饭重新上市销售也指日可待。就在这时，一封普通的厚厚的未署名信件邮寄到了吉野家公司总部。

当打开信封的那一刻，负责此事的员工大吃一惊：信封中竟然放着200万日元的现金！

而且，信封中还有一封字体娟秀的手写信。信的内容如下。

冒昧给你们写信，请见谅！

不久之前，我的儿子离我而去。之前，贵公司的牛肉饭曾经是他的最爱。如果传统的牛肉饭能重新上市的话，想必我的儿子泉下有知，一定非常高兴。捐献的钱不多，请收下！

我知道目前的境况不容乐观，但是为了这些牛肉饭的粉丝，请不要放弃！

从信件的内容和笔迹来看，写信的应当是一位女性。对于捐赠如此巨额的现金，我们感到非常吃惊。这种将对去世儿子的思念寄托在吉野家牛肉饭重新上市的感情使我们备受鼓舞，我们从中再次真切感受到顾客的厚意。

顾客的心意我们已经充分感受到了，但是因为金额太大，所以我们当时想着把钱还给顾客。但由于是匿名信，所以我们也找不到寄信人的地址。此外，我们也想过将钱捐给信封邮戳所在街道或用这笔钱建一个纪念碑。当时，我们提出过很多方案。因为要准备牛肉饭的重新上市，所以在上市销售之前召开的全体动员大会上（包括东京和大阪的员工），公司给参会的约1000名店长（包括公司总部的全部员工）每人发了一个信封，信封中装着一张当时还是很流行的2000日元面值的纸币和捐赠人信件的复印件。会上，所有人被告知："为了这些如此喜爱吉野家的顾客，请大家竭尽全力，用心做好吉野家的牛肉饭。"

在牛肉饭重新上市的第一天，上午10点开始销售之前，1000家店铺的前面几乎都排着长长的队伍。每家店铺的店长用颤抖的声音喊道："让各位久等了，从今天开始牛肉饭重新上市。"对此，顾客报以热烈的掌声。此时，无论是临时工还是实习生，所有员工都哽咽了。看似稀松平常的"牛肉饭"，让员工从中感受到了无上的喜悦。

这一刻，我真正理解了公司成立以来一直坚持的经营理念——"我们在这里工作，是为了让顾客感到快乐"。

回望过去，这些顾客的支持、公司外部的守护，以及公司全体员工的努力奋斗，是吉野家能够摆脱种种困境、迈向新台阶的动力。对此，我表示衷心的感谢！

言归正传，本书除讲述我自身因为各种机缘巧合进入吉野家、开创了“吉野家人生”的故事之外，更多是向读者介绍作为公司实际创始人的松田瑞穗是如何发明现如今被日本人民称为“国民食物”的牛肉饭，并将之企业化的，同时介绍我在企业破产和重组过程中的所学所感以及作为公司社长我是如何带领公司渡过疯牛病危机的。

我的吉野家人生，从兼职开始，到现在已经40多年了。从1992年我就任公司董事长之后，到2014年，我已经当了22年的公司负责人。现在，我已经退居二线。回首过去，自己所取得的成绩都依赖于一直以来支持吉野家的各位。在此，我向各位表达由衷的感谢！

为让读者在阅读过程中，获得一种身临其境的感觉，本书内容多采用第一人称叙述。

2016年11月

吉野家控股集团会长　安部修仁

|第一章|

吉他与牛肉饭

——在吉野家打工的缘起

父亲与兄长去世
改变了我的人生轨迹

时间过得真快，从加入吉野家、成为吉野家的一员到现在，已经40多年了。

在40多年的吉野家职业生涯中，发生了许许多多的事情。在此，我想和大家分享一些此前未曾透露过的故事，并通过这些回忆，告诉大家什么是吉野家精神。

借用“先自隗始”[①] 这个典故，我先进行一下自我介绍。

我叫安部修仁，1949年9月14日出生于日本福冈县糟屋郡宇美町。用“宇美”作为地名非常罕见，根据《古事记》[②] 的相

/

① 这句话的本意是“先从任用我郭隗开始”。郭隗是战国时期燕国人，曾向燕王进行自荐。——编者注

② 日本第一部文学作品。——译者注

关记载，这个地方传说是应神天皇[①]诞生之地，所以被命名为“宇美”[②]。

但是，我们家的起源并不在福冈县，而是在大分县。发音为“Abei”的姓氏，汉字一般为“阿部”或“安部”等。根据一位同姓朋友提供的资料，“安部”最早起源于日本东北地区和京都地区，此后各个分支开始向四国地区扩散，其中的一支经

1949 年出生不久的我

① 第 15 代天皇。——译者注

② 日语“宇美”发音与“诞生”发音相同。——译者注

站立于日光豆炭工业所门前的祖父

丰后水路进入大分县，另外一支经濑户内海进入长州地区。实际上，我的祖父——安部半平就来自大分县。

我的父亲叫安部嘉月，母亲叫安部玉子。父母一生养育了四个孩子，分别是大姐安部千惠子、大哥安部脩刚、二姐安部恭子以及最小的我。

我的祖父安部半平自己发明了从焦炭（煤炭蒸馏后形成的固体燃料）中提取烧烤炭的技术，于是成立了“日光豆炭[1]工业所”。

当时恰逢“二战”结束后不久，福冈县的煤炭产业迎来了

① “豆炭”中文为“烧烤炭”。——译者注

大发展的时期。因此，“日光豆炭”也成为当地的畅销产品，可能日本读者当中还有人记得“日光豆炭”这个牌子。在我的孩童时代，祖父的事业就已经非常兴旺。

从我懂事的时候起，我们家就已经置办了电视等现代家电产品。当时还是20世纪50年代初期，电视台只有NHK（日本放送协会）一家，而且白天没有节目播放。所以，每当有相扑比赛节目的时候，周围的邻居和孩子都会聚集到我家，大家一起围绕在电视机旁观看节目。由于周围的邻居和生意伙伴经常到我家聚会，所以家里总是显得非常热闹。

在我两岁的时候，父亲安部嘉月去世了。在我八岁的时候，大哥安部脩刚也因病去世。当时，我只记得大哥从出生之日起身体就非常虚弱，上学的时候会经常请病假。但是，大哥是个喜爱看书的人，学习成绩也非常好。

现在回想起来，父亲和兄长去世这件事，对我今后的人生产生了很大的影响，这种影响主要体现在祖父的事业出现了后继无人的情况。

如果我的父亲还健在，即使大哥不在了，那么我也要继承父亲从祖父那里继承过来的事业。或者我的父亲不在，但是大哥还活着的话，我也会去帮助继承家业的大哥。

可不管哪种情况，即使继承了祖父的事业，煤炭产业也终将没落，终将被新能源产业所替代。虽然如此，我依然相信可以通过寻找替代方式，克服困难，将祖父的事业发展下去。

我想，当时如果继续经营祖父的产业，或者我的父亲或大哥还活着的话，那么我就不可能去东京做我自己喜欢做的事情了。

当然，这并不是说因为父亲和兄长不在了，所以我就变得无拘无束。祖父喜欢在家里招待客人，因此，我们家总是人流不断。当时，很多亲戚和邻居总是对我说："你去继承家业。"众人的意见也影响了我的思维。

"终究要继承祖父的事业"这种想法被植入到我孩童时代的大脑当中，也可能正是因为这样，我才有了当企业家的想法。

父亲和兄长去世的时候，我还是个小孩，因此，企业的经营依然靠祖父维持着，这也给了我一些时间上的缓冲。

无论何种情况，这种不可预期的家庭事业继承人断层使得我离家出外闯荡成为可能，真是世事难料。

但有一点是可以肯定的，那就是在我懂事之前，父亲和大哥的去世，确实对安部家和我之后的人生轨迹产生了很大的影响。

学校通讯录上
对我的备注是“不安分”

对于这些事情，随着年龄的增长，再次回首的时候，我发现我家对孩子基本上采取放任自流的态度，排行最小的我也因此可以自由驰骋，尽情地享受童年的欢乐时光。

现在，我依然可以清晰地记着暑假的时候，碰到不会做的作业，我就会将作业丢在一边，这时，祖父对我说：“碰到这种情况，一定要认真完成，爷爷我在做炭的时候……”但是在我的记忆中，却找不到爷爷让我继承家业的片段。

虽然如此，少年时期，我依然以玩乐为主。由于我出生在日本的生育高峰期，所以周围总是聚集着20~30个孩子。我们这些孩子每天都是玩到天黑才回家。

在儿时的玩伴当中，我现在还和其中的两个人保持着联系，我们的关系最早可以追溯到宇美八幡幼儿园时期。这两个儿时

我的母亲安部玉子

的玩伴，一个叫藤贤一，一个叫藤木辰正。

藤贤一是日本综合商业设施——CANAL CTIY HAKATA 的创始人，而藤木辰正则曾经做过凯悦（Hyatt）下属酒店的社长，两个人在福冈县都是非常有名的财经界人士。我与藤贤一同届，而藤木辰正则比我低一届。我们三个人曾经组织了町内[①]垒球

① 日本最小的行政单位。——译者注

橄榄球队的队员合影。前排左数第二个为作者

队，而且获得过郡[1]垒球大赛的冠军。

在上宇美小学的时候，我就被认为是一个态度有问题的少年，因为学校的通讯录备注栏都会将我描述成一位“不安分少年”。

就在那时候，发生了这么一件事。

有一天，母亲来学校旁听。当回到家的时候，我发现母亲板着脸，端坐着等我回来。

“你给我坐过来！”

当我正襟危坐到母亲前面的时候，母亲开始滔滔不绝地说

① 郡是日本的一种地理区分，并不是行政单位，每个郡下设有一个或多个町或村。——译者注

教。现在我已经不记得母亲生气的原因是什么了，唯一还记得的就是当时保持这种坐姿的时间特别长。我想大概是因为我上课的时候不能安分守己吧。后来，换了几任班主任，但班主任对我的评价都是“不安分”。

母亲出生在大分县臼杵郡野津町，结婚之前是一名护士。母亲在福冈的医院工作的时候，遇到了我的祖父。因为家乡都是大分县，所以祖父就撮合自己的儿子（也就是我的父亲）和母亲在一起。

小的时候，每当暑假，我都会回母亲家。母亲的故乡大分县野津町就是“吉四六传说”的发源地。吉四六就像一休一样，是一个拥有聪明才智的传说中的人物，现在关于吉四六的传说有将近 200 个之多。我现在还记得，为了哄我睡觉，母亲经常会给我讲吉四六的故事。

上课就是睡觉

从宇美小学毕业的时候，我不出意外地上了离家最近的宇美中学。

中学的时候，我每天就是踢足球、玩音乐，偶尔也会学习一下。从中学开始，我就对音乐产生了浓厚的兴趣。

初中三年级的时候，为了应付考试，我多多少少也学了一些知识。初中毕业后，我上了福冈县立香椎工业高中。至于我为什么选择香椎工业高中，其实并没有什么特别的理由，主要是因为住在日光豆炭工业所附近的堂兄弟们上的都是工业高中。高中时，我所学的专业不是机械和电器，而是化学工业。

高中时（1966年）的文化祭活动。中间的为作者

入学之前，从春假[1]开始，我就参加了工业高中橄榄球队的训练。当时，中学足球队的学长是工业高中橄榄球队的队长，所以在高中入学的时候他就邀请我加入橄榄球队，参加他们的训练。

当时是香椎工业高中橄榄球队成立的第四年。在我们入学那年，从香椎工业高中毕业的第一届橄榄球队的学长们，取得

① 日本的学校一般有三个假期：春假、暑假和寒假。其中，春假一般在每年的三四月，大概两周。——编者注

了晋级福冈县预选赛决赛的好成绩，距离参加东大阪市花园橄榄球场比赛[①]只差一步。因此，香椎工业高中橄榄球队是一支实力不错的队伍。

球队的教练来自日本体育大学手球队，学生期间曾经担任过日本国家队守门员，但是不知道什么原因来到了香椎工业高中并创建了橄榄球队。仅仅 3 年时间，他就将球队训练成能够进入福冈县预选赛决赛的队伍。

可以想象，球员的训练强度有多大。在那个还不讲究科学训练的年代，作为一支强队，除了每天早上的训练，还把训练严格地从下午放学一直延续到深夜。顺便说一下，我在橄榄球队中的位置直到高二一直是 9 号（传锋），到高三的时候变成了 10 号（接锋）。

至于学业，由于每天练习后身体疲惫不堪，因此上课的时候我基本就是在睡觉。我睡觉不是趴在桌子上，而是堂而皇之地睡在教室的地板上。化学工业的课都是要穿着白大褂上的，因此，我就将白大褂当作床单用了。那个时候，上课时间睡觉的学生，大概都是橄榄球队或者棒球队的队员。

/

① 日本全国高中生橄榄球大赛。——译者注

此外，差不多每隔两天，我就会有一次因为没赶上电车，而在第三节课的时候才到教室，所以我的考试成绩全面飘红①。最后，我每次都是在教练的帮助下，才避免留级。

高中三年，橄榄球队的训练强度非常大，但我总算勉强坚持了下来。可是，在我学习期间，我们学校的橄榄球队没有能够实现参加全日本高中生橄榄球大赛的目标，我们的最好成绩只是县预赛第八名。我上高三的时候，代表福冈县参加全日本比赛的是福冈电波高中（现在为“福冈工大附属城东高中”），他们还获得了全日本大赛的冠军。因此可以看出，福冈县高中橄榄球队的整体实力是非常强的，所以我们队的水平应当也算可以。

① 在日本，一般情况下，考试分数在 30 分以下被标记为红色。——译者注

梦想中的乐队活动

高中期间，除了橄榄球之外，我投入了很大精力的另外一项活动就是音乐。

当我还是孩子的时候，我家里有一台维克多牌（Victor）、小狗歪脖倾听造型的大喇叭留声机。由于祖父喜欢听，所以经常会播放一些浪曲[①]或艺伎歌曲的唱片。当摇动留声机旁边的手摇把手时，唱片转速加快或变慢，曲子的声音也会发生变化。当时我觉着非常有意思，经常会玩一下。

我非常喜爱音乐，有一项独特的技能，那就是只要看一眼乐谱，即使是第一次看到，也能够按照乐谱把歌唱出来。这可

/

① 日本曲艺，一种说唱艺术，又叫浪花曲或难波曲，由一人说唱，用三味线伴奏。——编者注

能是因为我对声音敏感吧。

在我上小学四年级的时候，家里有一个姐姐用的古典吉他。开始的时候，我将吉他面朝上放在地板上弹着玩。当时，我不是按着琴弦弹奏，而是用左手的手指按压琴弦，然后用右手的手指弹奏。也就是说，我当时就是将单音节连起来演奏的。能将吉他抱在怀里弹奏，应当是我小学快毕业的时候，那时候我身体开始逐渐长高。

当进入中学后，所谓的西方流行音乐开始在日本广泛流行。每次用半导体收音机收听Billboard[①]和Cash Box音乐排行榜，当听到喜欢的歌曲时，我就会去商店购买唱片。买回来反复听上几次后，我就能记住音乐的旋律，然后用吉他弹奏出来了。这样，慢慢在没有人教的情况下，我记住了曲调，也能自弹自唱了。

20世纪60年代中后期，音乐界正进入由披头士乐团、甲壳虫乐队、滚石乐队等主导的让年轻人为之疯狂的时代。追随西方音乐发展的脚步，在日本，Group Sounds开始受到关注，这

/

① Billboard，即《公告牌》月刊，由它制作的榜单被认为是美国乃至欧美国家流行乐坛最具权威的单曲排行榜之一。——编者注

对我们那个年代的人产生了巨大影响。

上初中的时候，我与同年级的同学一起组建过类似乐队的团体。等上了高中，除了参加橄榄球队，我还与同学一起组建了业余乐队。因为是大家关系比较好才组成的乐队，所以其中有些人不会弹奏乐器。于是，我开始教这些人吉他、贝斯、架子鼓等乐器的弹奏方法以及击打方法。虽然我自己对吉他之外的乐器并不擅长，但还是略懂一些的。

相信懂音乐的人应当知道，负责旋律的主音吉他手或弹奏钢琴和电子琴的人不仅懂得旋律乐器，同时也可以教别人演奏贝斯或者架子鼓等节奏乐器。我之前是主音吉他手，如果别人让我负责的话，我也可以安排所有环节。

但是，非常遗憾，在当时那个年代，组建乐队等被认为是问题少年才会干的事情。更何况在当时，如果高中生在LiveHouse[①] 或者剧场演出的话，会马上受到处分。因此，我们当时只能在学校文化活动节或者舞会上进行演奏，没办法进行真正意义上的乐队活动。虽然如此，当时，我们的乐队以西洋

/

① LiveHouse 最早起源于日本。和普通酒吧不同，LiveHouse 一般都有顶级的音乐器材和音响设备，非常适合近距离欣赏各种现场音乐。——编者注

乐器为主，演奏过各种保留曲目。

当时，曾经发生过这么一件事。

在我们家二层楼的独栋建筑内，伙伴们聚集起来演奏时，我用当时唯一一台扩音器将其他人的乐器连起来进行演奏。当时，我家并不是荒野中的一个独立庭院，所以很可能会吵到周围的邻居，但也没有人找上门对我们表示不满。我想这主要是因为我祖父是当时街道名人的缘故吧。可是，当祖父从工厂回到家，听到我们的演奏之后，大发雷霆，说道："吵死了，到外面去。"现在，我还能清晰地记着祖父大发雷霆的声音。

未来的梦想

至于开始思考自己的未来，则是在我上高中二年级的时候。

是选择升学，还是选择音乐？

从中学开始，我的梦想是做一名体育老师。当时，听说有

与印刷公司乐队的伙伴们一起（左数第二个为作者）

橄榄球队教练推荐的话，就可以进入教练的母校——日本体育大学的橄榄球队。

但是，在参加高二夏令营活动的时候，一位在法政大学比较活跃的学长（后来进入理光，成为日本橄榄球队国家队候补队员的寺元先生）对我说，大学橄榄球队的训练和高中完全不是一个等级，更为艰苦。听了这番话之后，我立刻就放弃了成为体育老师的梦想。我自己比较讨厌训练，当想到今后还要花上四年，甚至更长时间忍受高强度的训练，就放弃了成为橄榄球运动员的梦想，最后选择了音乐这条道路。这种快速的改变，可能是我当时的个性使然。

当放弃了成为体育老师的梦想之后，我又开始想着“成为这个，成为那个”，整天异想天开，而这就是我当时的高中生活。甚至，我当时也曾梦想着成为一名职业拳击手。

小的时候，我非常喜欢看拳击节目电视直播。当时，原田政彦、关光德等著名拳击手如同闪耀的星星一样活跃在那个年代。此外，住在我家对面的表哥参加了福冈电波高中的拳击队，所以我就和朋友们用表哥的拳击手套进行练习。

当时，表哥表扬我说：“修仁，做得不错。”也许正是表哥的赞许才让我产生了成为一名拳击手的想法。这就是那个梦想驰骋年少时代的我。

实际上，我的音乐梦想也是这样产生的。

当教那些不太懂乐器的伙伴们“这里应当这样弹奏”，“节奏应当是这种感觉”的时候，不知不觉间，他们的水平得到快速提升。于是，他们开始吹捧我。在这种吹捧之下，我当时就形成了一种错觉，认为“自己真是一个天才”。

也就是说，虽然自己仍然是“井底之蛙”，但是在那个十七八岁的年纪，感觉自身无所不能也正是年轻人的特点，尽管这种感觉是一种错觉。虽然如此，我对自己的可能性仍抱有期待，为了成为一名音乐家，选择了去东京。

去东京

于是，我将想去东京成为一名音乐家的想法告诉了母亲。

我对母亲说："反正最后都会回家继承家业，所以在此之前，我想利用这几年的时间，自由地追逐自己的梦想。"听了我的话之后，一向对我采取放任态度的母亲，没有反对我的决定。

但是，当时从福冈到东京的路程很远，就像出国一样，所以母亲哭了。为了安抚母亲，到东京的最初几年，我每年都会回家数次。直到母亲去世，我仍然会对母亲说"我最终会回家的"。如今，真希望母亲泉下有知，能够对我说"好了，不用再回来了"。

去东京的事情我没敢跟祖父说。因为我怕说了之后，如果祖父反对，那么不仅自己的音乐梦想难以实现，甚至连东京也去不成。

到了东京，我不可能马上成为一名专业的音乐人，所以先去了一家位于东京的印刷公司上班。幸运的是，这家公司是一家中等规模的企业，给所有员工配备了宿舍。这里也成为我去东京后实现音乐梦的起点。

在印刷公司上班之后，我马上就加入了公司内部的乐队，并利用午休时间，和大家一起在公司楼顶上练习音乐。在这个过程中，我也开始探索自己的音乐家之路。

在一个休息日，我漫无目的地来到了新宿[①]。在一片喧嚣声中，我突然感觉到一种前所未有的强烈的孤独感（我需要一个人生活下去）。

虽然有些晚，但这也许是我开始变得独立的时刻。

---

① 新宿是日本东京都内 23 个特别区之一，也是东京乃至整个日本最著名的繁华商业区。——编者注

终于成为一名音乐家

真正走上音乐家这条道路，大概是我工作 1 年之后。

当时，有一个乐队正在招募吉他手，于是我马上报名，并且应聘成功。于是，我辞掉了仅工作了 1 年的印刷公司的工作，成了一名文艺演出公司下属乐队的成员。

就这样，我终于走上了梦想的音乐家之路。但是，我非常愧对公司，因为那时我只是将公司当作自己的临时栖身之所。

加入乐队后的第一次上台表演，是在群马县的水上温泉。

演出是在一家宾馆俱乐部进行的，当时我在那里总共演出了近两个月的时间。由于演出都是在晚上，所以白天的时间我都是用来练习拿手曲目的，对方提供一日三餐和泡温泉的待遇，所以那段时间也成为我美好记忆的一部分。

所谓的乐队演出，就是平日里认真练习调整音律，然后去现场正式演出。这是一种与自己熟悉的音乐完全不同的R&B音乐[①]，所以白天的练习，让我收获很大。

回到东京之后，我们经常去舞厅、夜总会、歌厅等地方演出，当时报酬最高的应当是在歌厅演出。

但是，在歌厅演出，我们一般都是给歌手伴奏或者演奏一些慢舞的配乐。当时，我自认为是专业R&B乐队的成员，对此感到愤愤不平："为什么要演奏这种音乐？我加入乐队不是为了演奏这种音乐。"

① Rhythm & Blues，一种黑人音乐。——译者注

乐队解散

由于对这种串场演出感到不满，我决定不再从事这些零碎的文艺演出，于是将伙伴们组织起来做自己喜欢的音乐，组建了自己的乐队。

新成立的乐队叫作“B-MOS”（日文名字为“ビーモス”），是一个默默无名的乐队。虽然我们内心充满了希望，但是因为乐队不属于专业演出公司，所以我们必须自己去寻找演出机会，而这项工作就落在了身为乐队队长的我的身上。

当时，乐队可以分为两种：一种是连续一个月在同一个场所进行演出的“固定乐队”（日语为“箱バン”），另一种是每天更换演出场所的“流动乐队”（日语为“ゲストバン”）。如果不能成为固定乐队的话，那么我们的收入将难以保证；但是要想成为固定乐队，就必须通过演出场所的面试。

有一次，我们以为通过了演出场所的面试，以为自己马上要成功了，最后却事与愿违。这样一来，我就没有办法给乐队成员发工资，万不得已，只能让福冈的母亲给我寄一些钱。可能就是从这时候开始，我多少懂了一些创业的悲哀和残酷。

后来，乐队的工作连续不顺利，我没有颜面再向母亲要钱，不得已只能解散乐队。于是，为了东山再起，我将全部精力用于打工，以获得收入。

当时，正因为我翻看了《兼职新闻》杂志，才开启了我的吉野家人生。回想起来，父亲和兄长的去世导致家族事业的继承人出现断层，进而我离开了家；我又在音乐的道路上受到了挫折，于是开始了在吉野家打工的日子，真是世事难料。

在吉野家打工后，发生了一件事，这件事令我至今难忘。

来到东京后，我也经常去看橄榄球比赛。有一天早上，为了观看早稻田大学和庆应义塾大学之间的比赛，我来到了秩父宫橄榄球场。

当时，早稻田大学队穿的是黑红色队服，而庆应义塾大学队穿的是虎纹队服。因为这是两支具有代表性的球队，所以人气非常高，当天来了很多人。其中，庆应义塾大学队的核心人物就是与我从小一起玩到大的朋友藤贤一。

当时，藤贤一非常有名，是球队队长。与藤贤一相比，我当时却过着看不到未来的打工生活。

我现在还记得，我当时一边懊恼“自己究竟在干什么”，同时也对自己说“不能这样下去了”。我当时被这种没有存在感和不甘心的心情所笼罩着。

第二章

新与旧共存的吉野家

—— 吉野家完全由松田瑞穗缔造出来

第一次吃到牛肉饭

当时，我已经从事数个兼职。但是,《兼职新闻》杂志上刊登的一则吉野家招募兼职的广告，对拮据的我来说依然非常具有诱惑力。这则兼职广告的诱惑力在于它能够提供比其他兼职工作更为优厚的待遇。

说吉野家兼职工作的待遇达到其他兼职工作的两倍，有些夸大其词，但是比其他兼职工作高了很多却是不争的事实。

“这样一来，也许我可以继续从事自己喜爱的音乐事业。”

对我而言，当时的想法就是攒钱重新开始自己的梦想。于是，我毫不犹豫地报名应聘了。

如果当时没有看到吉野家招聘兼职的信息，那么就不会有今天的我了。那一年是 1970 年。

进入吉野家新桥店工作的第一天，店长对我说：“从明天开始，你就要在这工作了。所以，你要先尝一尝今后为顾客提供的牛肉饭是什么味道的。”

“东京竟然有如此美味的食物！”

相信现在很少有人没有吃过牛肉饭，但是在1970年的日本，牛肉是一种奢侈的食物，虽然很多家庭也会做烤肉和寿喜烧[①]，但是食材主要是猪肉或者鸡肉，吃牛肉的人很少。

而我就是其中之一。当时我之所以选择吉野家，一方面是被丰厚的时薪待遇吸引，另一方面也是因为第一次吃到牛肉饭时就被其美味所折服。

① 寿喜烧是一种日式火锅。——译者注

吉野家新桥店宛如一个战场

虽然在看到丰厚的时薪待遇时，我就已经对工作的强度做好了心理准备，但是真正开始工作后，才发现吉野家新桥店宛如一个战场。

在嘴里喊着“欢迎光临，您需要些什么”的同时，要给多位顾客倒茶水，手里还要端着店长做好的三四份不同食物送到顾客面前。给吃完饭的顾客结完账后，还要收拾和清洗餐具。

如果只看上面描述的话，吉野家的工作和普通饭店没有太大不同。但是，吉野家要求从顾客点餐到将食物送到顾客面前的时间不准超过 30 秒，同时在此时间内完成上菜、收拾餐具和清理餐桌的工作，员工完全处于一种全负荷运转状态。而且，顾客坐满时，员工需要全速运转起来。因此，吉野家的工作错综复杂。

“迅速、美味、价廉”是当时吉野家制定的三大原则，所以在吉野家不存在“现在点餐的人很多，请您稍等”这种说辞。我当时的感觉是，这份工作就像一个体育运动。所以，尽管当时的员工人数比现在少，但是他们真的非常努力。

当时，新桥店的寺岛先生还是在校大学生，也是兼职员工的负责人，后来成为北海道吉野家的经营执行董事。回想起来，这些先作为兼职员工，后来成为公司领导的前辈当中，没有哪个是行动缓慢的人。虽然工作形式是兼职，但并不适合那些行动缓慢的人。因此，当时的工作情景就像是橄榄球比赛。

吉野家的目标是从社会上招聘包括兼职员工在内的、具有较高工作能力的优秀员工。松田瑞穗作为创始人的继承人，在吉野家上市之后成为第一任社长。他认为要想将公司发展成大型连锁企业，必须培育众多优秀人才，否则企业就不能发展壮大。

那么，应该如何招聘优秀人才呢？方法就是打破常规，提供丰厚的薪资待遇。吉野家之所以为员工提供优厚的时薪待遇，原因就在于此。

如果能够从招聘到的人才中选拔更加优秀的人，并对其进行培训锻炼，就可以提高工作效率，公司的业绩自然也会提高。公司发展越快，就能提供更高的待遇，进一步吸引优秀人才，从而形成一种良性循环。这样企业就能够实现不断发展。

这种简单的逻辑也是当时松田先生管理企业的根本。

如果能够吸引优秀人才加入，那么就可以用更少的人完成相同的工作。我以兼职身份进入的新桥店就采用了这种工作机制，平常需要5名员工完成的工作，现在只需要两到三名员工就可以完成。

当时，吉野家的地面铺设的是瓷砖，经常会有水洒在上面，地面很滑。所以，员工穿着薄底长筒靴走在上面，就像滑冰一样。

不知是否因为我高中之前一直参加学校的体育运动，这种如同体育运动般的工作竟然非常符合自己的性情。

筑地一号店的秘诀
——“迅速、美味”就是这样诞生的

我进入吉野家的时候，正值松田瑞穗意气风发，试图通过连锁店经营模式，不断扩大企业经营规模的时期。

穿着工作服的松田社长

20 世纪 60 年代的筑地一号店

可能很多读者已经知道了吉野家的发展历程，但是我还是想在此向各位简单介绍一下。

吉野家的历史最早可以追溯到 1899 年（明治三十二年），当时吉野家仅仅是一家位于日本桥河岸的海鲜交易市场附近的个体餐馆。开设这家餐馆的就是松田瑞穗的父亲松田荣吉。

当时，松田荣吉从大阪来到东京，在料亭[①]学习餐饮制作手艺之后，开设了吉野家。1926 年，关东大地震后，随着海鲜交易市场从日本桥搬迁到筑地地区，吉野家也搬迁到那里。搬迁 ⁄

① 日本的一种高级传统料理餐厅。——译者注

充满活力的筑地一号店（1970 年）

后的店就是现在的吉野家筑地店。

现在，吉野家将筑地店称为一号店。

筑地店是一家非常小的店铺，面积不到 10 坪[1]，只有约 20 个座位。过来吃饭的人大部分都是海鲜交易市场的工作人员，因此，筑地店的营业时间是从早上 5 点到下午 1 点，也不提供打包外卖服务。

松田荣吉时期的吉野家是在一种我们现在难以想象的封闭市场环境中诞生的。

① 1 坪等于 3.31 平方米。——译者注

进入昭和时代[①]，日本处于战争状态。1941年，日本与美国之间爆发了太平洋战争，日本国内形势急转直下。1945年，美国对日本东京进行了大规模的空袭，筑地的海鲜交易市场也在空袭中化为灰烬。这时，参军的松田瑞穗复员回家，从松田荣吉那里继承了饭店，成了吉野家真正意义上的创始人。

松田瑞穗毕业于中央大学法学部，如果当初没有继承吉野家的话，那么现在应当是一名检察官或者法官，这也从另一方面说明他是一个精于计算的人。这家最早出现在日本桥附近的街边小吃店，最后在松田瑞穗的手里发展成一家企业。

为实现吉野家的企业化运营，松田瑞穗首先制定了“年收入1亿日元”的目标。

20世纪40年代中期以后，吉野家在海鲜交易市场闭市的周日以及公众假日关门休息，所以一年开门做生意的时间只有约300天。如果按照一天200~300客流量计算的话，那么吉野家一天和一年的最高销售额分别是5万~6万日元和1500万~2000万日元。

要实现年销售额1亿日元的目标，那么每天的销售额至少

/

① 1926年12月25日—1989年1月7日。——译者注

要达到30万日元，顾客人数要达到平时的4~5倍，也就是要超过1000人。

当时，日本社会开始流行“顾客数量至上主义和顾客消费频率主义”的经营理念。也就是说，扩大销售额不是通过提高商品的价格，而是通过增加顾客数量来实现的。因此，对店家而言，在增加常客数量的同时，也要提高常客上门消费的频率。这种经营理念现在已经成了吉野家的根本经营理念。

虽然提出了扩大顾客数量的理念，但是筑地店位于海鲜交易市场内，缺少散客等顾客人群，顾客以在交易市场工作的水产品企业的员工、拍卖师、中介、采购商以及运输货车司机等特定顾客为主。也就是说，筑地店的消费人群基本上是固定的。在这种情况下，松田瑞穗社长苦苦思索实现1亿日元销售目标的方法。这一目标的实现，需要不断付出超常的努力。最后，筑地店在只有20个座位的情况下，经过10年的努力，终于实现了年销售额1亿日元的目标。

这一目标的实现是在1965年，而当时我还只是一个生活在福冈的少年。

早上5点筑地店开门后，上门吃饭的人就络绎不绝。最忙的时候，很多顾客都是站着吃饭，这种状态会一直持续到下午1

点关门。就是在这种情况下，筑地店才实现了年销售额 1 亿日元的目标。以此计算，每隔 6~7 分钟，就会翻台[①]一次。

那么，松田瑞穗是如何实现这种高翻台率的呢？

答案就是：简化菜单。松田瑞穗从父亲手里接过吉野家的时候，饭店销售的牛肉饭除了包含牛肉之外，还有魔芋丝、大葱、竹笋、豆腐等食材。

对此，松田瑞穗一直在思考："顾客到底想吃什么？"

"那就是牛肉。除此之外，再加上一些洋葱。为什么要用洋葱？那是因为洋葱分泌的汁液包含一种有甜味的成分。"

于是，吉野家牛肉饭的材料只剩下牛肉和洋葱，其他食材都被去掉了。这样一来，就节省了制作牛肉饭的时间，也可以缩短为顾客上餐的时间。

但是，仅靠这些还是不够。于是，松田瑞穗又想到了一种非比寻常的缩短上餐时间的方法。准确地说，应当是提高"效率"。如果不能从顾客坐下后，在极短时间内上餐的话，就不可能实现一天销售 1000 份牛肉饭的目标。这也是这种经营理念的

/

① 翻台指餐厅每张餐桌在客人用餐完毕后重新收拾并放置新餐具。翻台次数越多，意味着生意越好。——编者注

最初来源。

由于菜单上只有牛肉饭一种菜品，虽然非常辛苦，但吉野家的厨师还是可以连续不断地重复做。但是，问题来了：筑地店的客人都是在市场工作的饮食专业人士，他们对食物的口感非常挑剔，每个人都有自己喜欢的口味。

例如，有的人喜欢汤汁多的“多汁牛肉饭”，有的人喜欢汤汁少的“少汁牛肉饭”，有的人喜欢多放牛肉的“大碗牛肉饭”，还有的人喜欢去掉肥肉部分的“红肉牛肉饭”。现在，这些各具特色的菜品只有筑地店才有。

在这种情况下，为了在最短时间内为顾客提供食物，就需要记住这些常客的长相以及他们喜欢的口味，这样不用问顾客想吃什么，就能够为他们提供“老样子”的食物，从而缩短上饭时间。如果按照每天1000人，每位顾客每隔两天来一次计算的话，需要记住至少2000人的长相以及他们喜欢的口味。

在筑地市场工作的人都很忙。很多人都是进来之后，站着就狼吞虎咽地把“老样子”的饭吃完，然后说一句“零钱不用找了”，放下钱就出去了。

这就是“迅速、美味”背后的故事。当时，在筑地这种地方，市场对“便宜”的需求还不是很大。

“年销售额 2 亿日元”目标下的连锁经营模式

仅仅通过牛肉饭这一种食物，就实现了“年销售额 1 亿日元”的目标，但是在此之后，松田瑞穗却找不到新的发展目标了。正好在此时，松田瑞穗参加了在日本零售中心（Japan Retailing Center）举办的“年销售额突破 3 亿日元研讨会”，并在研讨会上认识了渥美俊一先生。

渥美俊一先生曾经是《读卖新闻》报社的一名记者，负责商业新闻报道。他利用工作便利，开始研究在当时具有划时代意义的美国连锁经营模式。此后，他成立了专门从事连锁经营业务咨询的机构——日本零售中心，并将“连锁店”的概念介绍到日本销售领域。

从渥美俊一那里得到启发，实现企业规模化发展的案例有很多，例如伊藤洋华堂、JUSCO（现在改名为AEON）[①]、西友（后被沃尔玛收购）、NITORI（宜得利家具）、西村、Matsumotokiyoshi（清本清）、Saizeriya（萨莉亚）等。据说，最多的时候，其企业会员数量超过1000家。大荣集团的创始人中内功好像也曾经向渥美俊一请教过。

听到这个消息，松田瑞穗报名参加了渥美俊一组织的“年销售额突破3亿日元研讨会”，并向渥美俊一请教“吉野家该如何成为年销售额超过2亿甚至3亿日元的企业”。在了解到松田瑞穗的要求后，渥美俊一提出：“1家店铺的年销售额是1亿日元，如果想把年销售额增加到2亿日元的话，只需要开两家店铺就行了。”听到渥美俊一的建议后，松田瑞穗说：“当时，我非常震撼，有一种恍然大悟的感觉。”现在听起来，这就像是一则让人哭笑不得的趣闻。

谈起当时的经历，松田瑞穗经常提道：“尽管我们对待工作

---

① JUSCO，即佳士客，亦称吉之岛。2010年10月，永旺（AEON）集团宣布将分阶段整合旗下JUSCO公司，并将店名统一为“永旺”，于2011年3月正式实行，“JUSCO”这一名称将不再使用。——编者注

确实非常认真，对工作的理解也不断深入，但这样下去，我们获得信息的渠道会越来越狭窄，视野也会随之狭窄。因此，我们需要拥有外面提供客观意见的顾问或者咨询专家，需要不断学习了解外面的世界。”

如果 1 家店铺的销售额是 1 亿日元的话，那么要想实现 2 亿日元销售额的目标，只需要再开一家店。

听了渥美俊一的建议，松田瑞穗有一种豁然开朗的感觉：“是啊，为什么之前我没有注意到呢！”

同年，松田瑞穗也报名参加了渥美俊一组织的美国珀加索斯[①]研讨会。后来，他对我说：“当时，我已经确信未来属于连锁店经营模式。”

当时，麦当劳还没有进入日本市场，为了学习和考察连锁店经营模式，日本的企业负责人组团去美国。听说在美国考察的过程中，松田瑞穗在看到一家叫“Howard Johnson”的咖啡厅屋顶的颜色后，认为“这种颜色不错，可以将这种颜色作为吉野家的主色调”。于是，吉野家之后的主色调就统一为橘红色。

① 有双翼的飞马，被其足蹄踩过的地方有泉水涌出，饮之可获灵感。——译者注

后来听说，ROYAL 集团的创始人江头匡一也看中了这种颜色，并将其作为公司的主色调。

这些都是在我进入吉野家打工几年前发生的故事。我进入吉野家打工的时候，虽然吉野家已经发展成一家连锁企业，但是当时分店数量总共也只有 4 家。我打工的新桥店位于现在的 SL 广场。

公司职务都采用美国标准

既然公司的主色调都借鉴了美国一家咖啡厅的颜色，那么吉野家索性连公司职务名称也采用了美国标准。

比如，采购肉产品的人员被称为“Meat Merchandiser”，负责店铺开发的人员被称为“Location Director”，店长被称为“Store Manager”，负责人员培训的部长其名片上则写着“Educator”。

尽管负责员工教育培训的人就是Educator，但是吉野家的员工平时穿着长靴、带着围裙工作，将“Educator”用于描述吉野家的人，还是令人感觉有些不可思议。由于是将美国连锁店经营模式完全照搬过来，所以吉野家在职务名称上也变为了当时日本社会还不太熟悉的英文表达。

做的是卖牛肉饭的生意，工作环境如同体育竞技场，但是里面却奇妙地包含了最新的经营理念。吉野家的魅力就体现在这种新旧因素的融合上。

当时，我去吉野家打工的目的是挣钱，然后重新开启自己的音乐梦想。但我逐渐沉浸在工作过程中，不知不觉被吉野家的魅力所吸引。

代理店长

我进入吉野家的第一份工作是负责厨房的杂务，例如清洗炊具、打扫卫生、清洗餐具等。忙的时候，我要在 1 个小时内清洗 200 个碗。如果动作慢的话，那碗就不够用了，所以必须要动作敏捷。

在工作过程中，我也会暗中观察柜台和收银员的工作情况，看他们是如何工作的，工作流程是什么。工作一周后，在空闲时间，我也会帮着招待客人；一个月之后，我被安排在用餐高峰期招待客人；半年之后，我学会了盛饭和往饭里加肉。

盛饭和加肉是需要特殊技能的工作，不是在短时间内就能学会的。

吉野家要求盛饭要分两次进行：第一次，将碗盛到六七成满；第二次再将剩下的三四成米盛到碗里。盛饭的时候不能用力压米饭，而是让盛到碗里的米饭呈现蓬松的状态，而且中间要高出一部分。如果中间瘪下去的话，那么牛肉和汤汁都会集中到中间，周围的米饭就露出来了。这样顾客就会认为牛肉变少了。

由于需要在10~15秒内连续做好10碗饭，加肉的时候需要用漏勺将漂浮在汤汁上的牛肉盛到碗里，所以这些动作要一气呵成。如果动作稍慢的话，就会有多余的汤汁从漏勺的孔中漏出去。

吉野家当时使用的漏勺开孔是固定的，有47个孔，现在依然使用这种设计的勺子。

使用这种勺子，在一次性将牛肉盛到碗里的时候，能够确保米饭和汤汁处于最合理的比例；按照一定的节奏，也能够确保盛到碗里的汤汁量是固定的。

因此，加肉时，操作人员站的位置也是固定的，从而形成一种节奏，能够将盛出来的牛肉以最短的时间放到碗里。而且在这个固定位置上，在完成上一个动作之后，能确保身体迅速进入下一个动作。

公司会通过竞赛的方式组织全公司的店长进行技能比赛。年初，公司会组织地方预选赛，年底再将全日本的获胜者集中起来，组织总冠军赛。总冠军获得者的金质徽章现在依然按照不同年份悬挂在公司总部，这代表着一种特殊的荣誉。

很多人可能认为从清洗工到接待员，再到盛饭工，这种进步非常快。在这种非师徒制的现代经营方式所创造的合理性与开放性中，即使临时工也能够获得快速升迁的渠道，迅速成长起来。

有时候，我也会包揽厨房的所有工作。洗完餐具之后，我会用热水进行消毒，然后将牛肉饭盛到碗里，同时留意顾客情况。如果这种工作节奏被打乱的话，那么所有流程都会受到影响。因此，我必须时刻绷紧神经。

在不断学习和掌握所有技能之后，我在不知不觉间被委任为“代理店长”。当店长不在的时候，我负责店铺的管理工作。

公司会给店长参加公司内外研讨会、会议等店铺具体工作之外的机会。此时，公司内部已经形成了一套相邻地区店铺同事相互切磋的制度。

松田瑞穗将涵盖了连锁店组织理论和经营理论等之前只有公司管理层才能参加的研讨培训机会，扩大到店长层面。因此，店长也有近距离接触著名企业负责人，并偶然与这些人一同进餐的机会。

但参加这些研讨会培训的费用在10万日元以上，而当时店长的工资只有5万~6万日元。当然，参加培训也是工作的一部分，公司不仅会支付参加培训的费用，而且会照常发放培训期的工资。将公司的利润不断投入到人员培训中，并从中培养和发掘优秀人才，这就是松田瑞穗的做事风格。

在这一过程中，作为兼职人员的我，熟练掌握了代理店长的工作，即使我一个人也能够将店里的所有工作运转起来。如果有员工休假的话，我也可以顶替员工。慢慢地，我也能作为支持型代理店长，到其他店铺对员工进行业务指导了。

将兼职人员变成公司正式员工的制度设计

有一天，店长对我说："后天下午两点，公司总部会组织职业适应性测试，你准备一下。"

当时，店长的口气近乎是命令。由于参加测试是按小时给工资的，所以我就答应了，决定参加。

职业适应性测试实际上就是吉野家的入职测试。通过高时薪的方式，招募临时兼职人员，然后通过高淘汰率的测试发现具有潜力的人才，将其作为兼职店员进行培养。之后，再挑选具有潜力的人参加职业适应性测试，在此基础上，再筛选，将合格人员转为正式员工。松田瑞穗就是通过这种方式发掘和培养员工，为吉野家连锁店的规模化发展提供人力支持。

当时，从事餐饮业被认为是一种不稳定的职业，被排除在优秀大学毕业生就业目标之外。当年，吉野家设计这种制度的初衷就是从怀有不同目的进入公司从事兼职工作的人员当中，发掘具有潜力的人员，然后再对这些人员进行培训。

通过这种方式，公司利用各种内外培训机会培养发掘人才，并将公司获得的收益用于人才培养的再投资，以实现公司发展。松田瑞穗在这方面做得非常成功。

而且，这种人才培养体系不依赖于外部环境，是吉野家自己研发出来的。不得不说，这种体系是非常具有特色的。我本人也是在吉野家这种体系下，在人力资源部部长的要求下，参加了公司的职业适应性测试。

吉野家特色的入职测试

吉野家的职业适应性测试主要有两个目的。

第一，测试员工对数字的敏感程度。也就是通过测试，判断参加测试的人员是否具有一定的逻辑性。

测试的方法就是在并列的数字中设置很多空格，参加测试的人员根据给出的数字排列规则，在空格处填写相应的数字；或者是让参加测试的人员猜测四角形积木叠加部分的正确图形是什么，而叠加部分的图形因为是两个积木叠加在一起，所以看不到相应的图形。

通过这种方式，可以判断参加测试的人员的智商。我曾听别人说，这种测试题量大，如果碰到不会的题，就跳过，否则时间会不够用。因此，测试的时候，首先要做自己会做的题。

第二，通过测试判断参加测试的人员的性格。通过该测试，可以发现被测试人员是适合做经理，还是适合从事专业工作。也就是说，该测试可以发现被测试人员是具有管理者的潜质，还是具有从事具体工作的潜质。

按照测试成绩，可以对被测试人员从A级到H级进行排序。在此基础上，A级和B级又划分为上中下三个等级。

B级以上为合格，获得特A级的人通常智商也非常高，我认识的一个人就获得了特A级。这个人毕业于东京工业大学当时最先进的计算机专业，进入公司后，曾任计算机系统部门的经理。

每个参加测试的人员的成绩都不会对外公布。知道成绩的只有松田瑞穗社长和人力资源部部长。当然，我也不知道自己的成绩。

测试完后，人力资源部部长对我说："愿不愿意以正式员工的身份来我们公司工作？"

不同于其他公司的入职测试，吉野家的测试没有设置"为什么报考我们公司"这类的面试题。在这种半强制性的职业适应性测试中，如果测试合格，人力资源部部长就会苦口婆心地劝你加入公司。

这种感觉就像是被别人叫"一起吃饭吧"，然后对方就会告诉你餐饮业多么有前途，劝你加入公司。我现在还记得当时的情形。当时，人力资源部部长交给我一本前面介绍的渥美俊一写的书，并告诉我“如果没问题的话，先读一下这本书”。

当时，我突然想起了老家的事情，心里想着在吉野家可以学习一些企业经营管理的知识，将来回到家乡继承爷爷事业的时候，也许可以用到。

虽然心里是这么想的，但还是有一种对“从事餐饮业”的不甘。当我说自己在这里已经打工一年多了，对方马上说：“如果是正式员工的话，干半年就会有奖金的哦。”于是，在找一个临时过渡工作的想法驱动下，我点头答应了。

我成为吉野家正式员工是在 1972 年 2 月，当时我 22 岁。

当时，战后婴儿潮时期出生的人都长大成人，开始走向社会，日本经济进入快速发展时期。麦当劳也进入日本，日本餐饮产业开始蓬勃发展。日本社会也进入到一个新的时代。

22 岁成为店长，27 岁成为地区本部长[①]

成为公司正式员工后，我的第一件事就是在吉野家的发源地——筑地店接受基础培训。不愧是具有特殊意义的筑地店，在这里，之前学到的技能都派不上用场。面对海鲜交易市场里具有独特江户时期气质的顾客以及渗透了松田瑞穗精神的筑地风格，我感到束手无策。这半年的培训异常辛苦，但我也学习到了很多东西。在这里，我感觉领悟到了吉野家的精神原点。

经过筑地店的实习培训，半年后我被任命为位于新宿区政府大道旁边一个胡同内的吉野家新宿东店的店长，而这家店的销售额在整个公司内是最少的。自己曾经在规模最大的新桥店接受残酷的训练，之后又在传说中的筑地店接受培训，而现在

/

① 相当于地区负责人。——译者注

作者担任店长时的吉野家新桥店。当时，吉野家会将店长的照片挂在店内（右上角悬挂的照片就是当时的作者）

又被任命为销售额最少的店的店长，这对我而言是新的挑战。原来我心里想着即使不特别做什么，顾客也会上门，但是在这里，这种做法却行不通。这让我切身体会到，如果不采取一些吸引顾客的措施的话，顾客是不会主动上门的。

当时，我作为店长，经常被公司安排去参加渥美俊一举办的研讨会。在研讨会上，我重新学习了组织理论、商品开发、店铺管理等与连锁店经营有关的重要知识和技能。

在当了半年的新宿东店店长之后，我又陆续当过几家不同类型店铺的店长，最后被提拔为规模最大的新桥店的店长。在从事了不同类型分店店长的工作之后，我至今都真实感受到这些经历没有一个是无用的，相反都是非常珍贵的。

当时的吉野家内部还存在明显的金字塔式结构，这主要体现在员工佩戴的不同颜色的头巾上。兼职人员佩戴的是白色头巾，代理店长级别的人佩戴的是黄色头巾，而店长佩戴的是蓝色头巾。即使都是店长，也只有筑地店和新桥店的店长佩戴的是红色头巾。

能够成为筑地店和新桥店这两个被称为吉野家一号店和吉野家二号店的店长，本身就是一种荣誉。当时，佩戴红色头巾的人工资也不到 10 万日元，但是如果业绩考核合格的话，夏冬

1975 年的吉野家新桥店外观

两季就会收到 100 万日元的奖金。

很荣幸获得这种荣誉的我，将红色头巾系在留着当时很流行的卷发的头上。当我需要外出的时候，就会将红色头巾交到管理 8 名员工的大堂经理指定的人手里。

选拔优秀的人才，提供丰厚的工资待遇，同时为其提供参与培训的机会，促进其成长。吉野家正是践行这种激励制度，才会人才辈出。只有人才培养工作顺利进行，松田瑞穗社长才能放开手脚大干一场。随着时机的成熟，吉野家迅速开始在全日本推进连锁店经营模式。

我加入公司的时候，吉野家只有区区几家分店。但是到了 1976 年，分店的数量就超过了 50 家，而到了 1977 年，更是扩大到了 100 家，1978 年则发展到 200 家。此外，吉野家率先进军海外市场，而且进军的是连锁店经营模式发源地美国。因此，吉野家也被称为“餐饮业的旗手”，以破竹之势不断发展。

这五年应当是吉野家最具活力的“青春期”。当时的工作让我们全无被动的感觉，感到其乐无穷，那是因为我们从工作中能够寻找到快乐。我们如同头脑发热般地沉迷于工作，而且能够从工作中真实地感受到自己的成长。当时的年代就是这么一种情况。

那么，松田瑞穗社长是如何应对这种快速发展的时代的呢？

他在进行新店长培训的同时，也开始将全日本划分为不同的区域，并成立吉野家地区总部。

继1976年成立大阪地区总部之后，吉野家又于1977年成立九州和名古屋地区总部，1978年成立广岛地区总部，1979年成立仙台地区总部。

在成立九州地区总部的时候，我直接向松田瑞穗社长表达了希望任命我为地区总部本部长的意思。九州是我的故乡，因此，在某种程度上我也是那里的“地方通”。当时，经过前期的实地调研，我制作了与店铺选址相关的数据和地图、未来的事业发展计划以及损益表等材料。虽然与现在的新项目企划书相比略显稚嫩，但我还是拿着自己制作的项目计划书向松田瑞穗社长表达了我的请求，请求其把九州地区的业务开发交给我。

最终，松田瑞穗社长答应了我的请求。当时，我基本上没有开展跨区域业务的经验，因此应当有其他更为合适的人选。尽管如此，社长最后还是答应了我的请求。虽然具有风险，松田瑞穗社长却表示，他给予我机会，而他只负责观察我如何开展工作，能否取得成效，至于责任，则由他自己承担。我想，这就是作为企业掌门人的松田瑞穗社长的厉害之处。

就这样，我被任命为九州地区总部第一任本部长。当时，我只有 27 岁，进入公司已经第 6 个年头，这是我唯一一次自己主动提出人事安排要求。

通过找店铺、与店铺所有人进行谈判积累了宝贵的经验

这样以自我为中心的历史回顾，可能会让很多人误以为在吉野家只有我的进步是如此迅速。其实，当时被松田瑞穗社长任命为全日本各地区总部本部长的人都经历了和我大同小异的过程，而且都是那个时代的年轻人。各店的店长以及按区域划分的地区总部的本部长基本上都是年轻人，基本没有年龄在40岁以上的。

但是，作为任命年轻人为地区总部本部长的风险防范措施，松田瑞穗为每名年轻的本部长配备了一名防卫厅（现在升级为防卫省）退役官员，这些退役官员一般在当地具有很高的威望，被任命为企业的办公室主任。

换句话说，这些人就是监督人员。为什么选择这些退役官员？原因就是这些人具有极高的纪律意识。有这些人在身边，

当年轻的本部长任意妄为、其行为逾越吉野家制定的规则时，这些人就可以发挥劝谏的作用。

此外，这些退役官员还有很高的信誉和广泛的人脉。与之相比，地区本部长都是一些二三十岁的年轻人，社会经验不足，信誉不够。而这些当地的退役官员就不同了，他们在当地具有很广的人脉，而且信用度很高。松田瑞穗认为通过这种方式，可以弥补吉野家在东京以外地区知名度不高的短板，同时也能够起到辅助年轻本部长的作用。

当时，与我搭档的人叫今泉，原来是一名海上自卫队官员，高中毕业于福冈修猷馆高中，大学则毕业于水产大学。当时，今泉的年龄是 55 岁左右。修猷馆高中在江户时代是黑田藩的藩属学校，因此，今泉拥有广阔的人脉，对我的帮助很大。

他首先帮我找到了一家紧邻博多车站三井大厦的办公室。吉野家之所以能够进驻具有悠久历史的三井大厦也是因为之前跟三井物产做过牛肉生意。虽然有些勉为其难，但是将办公室放在三井大厦也是为了提高吉野家的知名度。

在福冈，我要做的第一件事就是拜访客户，这对商业经营来说至关重要。根据今泉的安排，我花了一周左右的时间拜访了当地有名的人士，之后才进入正式的工作。

排在正式工作首位的就是寻找合适的店铺。在找店铺的过程中，在通过房产中介之前，我都是先亲自去看的。考察过店铺的地理位置之后，如果觉着可以，我就直接和房产所有人交涉，问他们“能不能把这家店铺租借给吉野家”。

当时，九州地区没有一家吉野家分店，所以在与房产所有人联系的时候，对方经常会问：“你们是卖什么的？”当时，我手下的员工只有今泉这一位前辈，所以无论什么事情都是我们两个人商量，然后我自己再做出决定、付诸实践。虽然非常辛苦，但这对我来说是非常宝贵的经验。

一切从零开始。我看中了几家店铺，最后定下了位于西中洲的店铺。

但是，只有店铺是不够的，我们还需要一个仓库用于保存牛肉饭的食材。当时，做牛肉饭使用的牛肉都是切好的冷冻肉片，是从东京运过来的，因此需要配备一个能够将牛肉保存 2 周左右时间的大型冷冻仓库，以及一个同样容积的冷藏仓库，用于牛肉的解冻和保存。

另外，我们还要制作酱菜，每天都需要腌渍新采购的白菜，需要从当地采购制作咸菜用的食盐、胡椒、裙带菜以及酒曲等材料。为此，我们也需要准备相应的设备和工具。

幸运的是，我在赛艇码头附近发现了一处废弃的大型仓库，于是决定将这个废旧的仓库改造成为店铺或仓库甚至是工厂。

因为临近赛艇码头，所以有比赛的时候，会有很多游客。对于开设店铺，这个地理位置也是不错的，而且也可以作为向整个九州地区运送货物的据点，可以说是个绝佳的好位置。

在完成仓库租赁合同之后，我头脑中就浮现出这个仓库的使用情景，围绕仓库使用用途的改变，我与房东进行了艰苦的交涉。在仓库使用用途以及用途改变后的房屋租赁价格方面，我们进行了微调。双方不断进行交涉，在这个过程中，我感受到了意见达成一致前的窒息感，同时也感受到了意见达成一致后的喜悦感。这种具有压迫感的经历成了我的一种宝贵财富，也增强了我的自信心。

作为地区本部长，我的主要工作就是制订辖区内每家店铺的事业发展计划、模拟项目损益情况，以及开展员工招募和培训等。但是，在开展这些工作之前，我要找到合适的店铺，从零开始参与这项工作。对于我来说，这无疑是非常宝贵的经验。

仓库二楼变成员工的多人寝室，洗澡是冷水浴

开店的时间确定后，我就开始招募兼职人员。但是，由于新招募的员工缺少相关的工作经验，于是我就想从东京调集一名负责店铺运营的人员以及4~5名具有相应工作经验的人员，让这些人负责培训在当地招募的兼职人员。

尽管从当时的条件来看，东京到福冈的距离不是很遥远的，到福冈来也是工作的安排，但这些人并不会轻易答应。

于是，我就想到了那些能够吸引他们过来的说辞，比如“有大房间，可以舒适地睡觉的住宿条件以及配备大浴缸”。

然而，这些人来到福冈后却哑然失色，发现所谓的宽敞大房间原来就是工厂的二楼，睡觉用的被褥都是租来的，完全是一个多人共用的寝室。

而所谓的大浴缸仅仅是一个大号塑料桶。而且，用的不是

热水，而是从塑料管中接出来的冷水。也就是说，洗澡就是将水放到水桶里的冷水浴，这与之前说好的“配备大浴缸”其实也没有出入。

“请大家尽情享受。开业之后大家每天都会很忙，没有时间睡觉，每天都可以洗浴。”

这也是为了节省经费。如果让大家住商务宾馆的话，花费会很大。作为补偿，我经常会请大家喝酒，让大家坚持一下。

在第二家店铺开业之前，这些人真的非常努力。当时请过来的店铺负责人现在还经常拿当时的事情开玩笑：“当时，你真的是非常粗暴。”

当时，还发生了这么一段小插曲。

在开店促销活动中，作为本部长的我亲自带上帽子，穿上日本传统匠人穿的法被，推销外卖牛肉饭。

当时，有一位客人问我：“你们的负责人在吗？我想见一下。”

“请问您有什么事？”

“这事跟你说不了。”

“请稍等，他马上就过来。”

说完后，我在店铺内的休息室换上了西装，稍微整理一下头发后，昂首挺胸地走了出来。

“让您久等了。我是本部长安部”，我一边说着，一边递出了名片。

“啊，您是本部长?!我是某某房产中介的××××。百忙当中，打扰了。”

最后，房产中介的人也没认出来，我就是那个刚才在店门前声嘶力竭大声叫卖盒饭的人。当时，我还很年轻，怎么看也不像负责人。

当时，我每天都是这样忙忙碌碌。经过两年半的时间，吉野家终于在博多开设了 10 家店铺，在小仓开设了 2 家店铺，在熊本开设了 3 家店铺，在九州地区共开设了 15 家店铺。

作为本部长，这些理所当然是我的本职工作。但是当时仅 20 多岁的我，一边需要管理人、资金和物资，一边需要在管辖地区开拓市场，现在回想起来，真的是非常艰辛。我想：社长真的是非常信任我，作为地区本部长的这段经历也成为我就任公司社长的宝贵经验。

当然，我担任九州地区本部长期间并非每件事都做得成功，也曾经历过很多失败。但是，回首过去，自己在年轻的时候，经历过成功，也体验过失败，这都是自己的决定，从中积累的经验比其他任何东西都重要。由于没有可以依靠的人，犯错误时只能自己承担，并从失败中吸取教训，避免下一次的失败。说得好听些，正是经历过成功与失败，自己才逐渐变得更加独立。

担任地区本部长期间，最让我高兴的事就是松田瑞穗社长到九州地区进行视察。虽然他一个月只有两天在九州，但这也是我与社长进行交流的重要机会。在东京，我很少有机会与社长面对面地进行交流。因此对我而言，这两天的时间非常宝贵。

在美国开设200家店铺的构想

在我担任九州地区本部长的1978年6月30日，吉野家在大仓宾馆举行了主题为“吉野家店铺突破200家庆祝会暨起航走向世界”的活动。

庆祝分店数突破200家的派对（1978年6月）

进入美国市场的第一家分店——洛杉矶一号店。右一为松田瑞穗社长，右二为洛杉矶市长

在活动举办的前一年，吉野家的店铺突破了 100 家。当时，松田瑞穗社长宣布“要在明年的 6 月前，将店铺规模扩大到 200 家”。这场活动就是为了庆祝目标达成而举办的庆功宴。在活动当天晚上的致辞中，松田瑞穗社长充满豪气地宣布了“在美国开 200 家店铺的构想”。

松田瑞穗社长的经营模式是建立在美式经营理念基础之上的，他甚至参考美国的做法，将公司内的职务名称都改成了英文表述方式。所以，想必在很早之前，其内心就曾经盘算过将吉野家的连锁店开到美国。

而且，吉野家产品中使用的牛肉都来自美国，进口的牛肉产地主要集中在美国科罗拉多州的丹佛地区。因为从美国进口牛肉需要缴纳高额的进口关税，同时也有进口数量的限制，因此相比在日本，在美国开设店铺的话，效率会更高，这也是在美国开店的好处之一。

但是，吉野家当时没有开设 200 家分店所需要的管理人员。而且，店铺的管理人员必须由吉野家的管理者担任。当时，吉野家已经在丹佛开设了分店，但是店铺只有寥寥几家。

于是，松田瑞穗社长紧急指派一名公司副社长和 3 名地区本部长赴美国学习英语。我就是其中一员。也可以说，派人员赴美国留学是为了实现在美国开设 200 家店铺的构想，从而为在当地成立新公司做准备。第一个去美国的是大阪地区本部长，他去的是洛杉矶；接下来去的是公司副社长，他去了位于吉野家美国牛肉采购中心丹佛地区的丹佛大学；而我则去了伊利诺伊州的南伊利诺伊州大学；最后一个人去的是得克萨斯州的大学。除了副社长之外，我们三个都是 20 多岁的年轻人。

突然接到回日本的命令

1979 年，29 岁的我来到了美国。

留学美国时的作者

伊利诺伊州最大的城市是芝加哥，而我居住的卡本代尔是一个人口只有 2 万的乡村小镇，我在这里的工作就是学习英语。

虽然在美国大学的留学生活非常舒适，但是有一点一直让我感到不适，那就是虽然在美国的学费和生活费由公司承担，但是留学期间停发一切工资。虽然是公司外派出国，但在一年时间内不发工资还是让人难以适应。当时我已经结婚，而且第三个孩子刚刚出生，因此感到困难最大的应当是我的妻子。最初的几个月，她还能勉强用存款度日，但是时间一长，她也不得不在吉野家总部做临时工挣钱贴补家用。

作者与 3 个子女

作者与妻子佳代子早年交往期间

按照事先的计划，我在美国的大学学习一年的英语，之后作为芝加哥地区的总经理在当地开设吉野家分店，与其他三人一起，在美国本土实现吉野家开设200家店铺的规模化发展目标。

实际上，在1975年，在丹佛地区开设了美国一号店之后，吉野家在我来美国之后将重心放在了洛杉矶。虽然过程曲折，但是当时也是店铺数量扩张最快的时期。

当时，每隔两个月，我就会利用10天的休息时间去位于丹佛和洛杉矶的吉野家店铺帮忙。在这个过程中，我也在等着芝加哥的工作就绪。但是，在来美国9个月之后的1980年4月，我们4个留学生收到了来自日本公司回国的命令，给出的原因是因为公司裁员，所以要“马上回日本”。

虽然之前我觉察到日本国内的情况有些异样，但那时松田瑞穗社长才刚刚宣布“在美国开设200家店铺”计划不久，尽管听说公司经营出现了问题，却未曾料想到公司经营恶化得这么快。

在我回到日本3个月后，吉野家宣布破产，而这距离吉野家分店突破200家庆功会只有2年，而我当时也只有30岁。

专栏：
创始人松田瑞穗的名言警句

作为吉野家实际的创始人，每当有话想对我们说的时候，松田瑞穗不会长篇大论，而是用短短的类似于名言警句的话语来表达自己的意思。

他的话语包含深度，有的时候让人难以当场理解其中的含义，需要仔细品味其中的内涵。这样一来，我的想象力、思考能力以及沟通能力也都得到很大的提升。本书中多处引用了松田瑞穗的名言警句，为了避免重复，在这向大家说明。

赛车时速超过200公里，在过弯道的时候，需向反方向打方向盘。同样道理，公司规模超过200家分店的时候，也需要用相反的方法。

汽车在高速行驶过程中，向右转弯的时候，为了纠正向左偏移的后轮胎，不应向右打方向盘，而应向左打方向盘。这就是逆向方向盘的原理，松田瑞穗用这一原理来比喻企业经营管理。

当企业的规模超过一定范围后，那么适用于小规模企业的经营方法就不再适用。在店铺数量急速扩张的时候，我们才能感觉到其中蕴含的真理。松田瑞穗用自己的风格一针见血地指出了问题所在，让人感到钦佩。

身价高的人其实是便宜的，身价低的人反而是贵的。

对于能够做出成绩的人，松田瑞穗会通过涨工资和发奖金的方式体现其价值。如此一来，有的人薪酬待遇不断提高，但是与这些人取得的成绩相比，给予他们的报酬其实反而是便宜的。相反，待遇低的人，往往是难以出成果的人，“他们的待遇看着低，其实是高的”。

松田瑞穗认为，只有能够发掘、培育和聚集优秀人才，公司才会发展。而为了发掘优秀人才，公司必须不断向前发展。因此，他对于公司看中的人才不惜成本进行培养。

我想对于驻足不前的那些人，松田瑞穗有一种恨铁不成钢的感觉吧。

工作还是太少。

松田瑞穗是一个不喜欢辩解和听别人背后说坏话的人。一个人如果全身心投入到工作当中，就会发现有很多值得做的事情，自己要做的事情已经很多了，就更没有闲工夫关心其他事情了。因此，经常辩解找借口的人其实是因为他们的工作太少造成的。

如果树立了明确的目标，朝着目标埋头苦干的话，自然就不会有精力去关心其他多余的事情了。

但是，这并不是说松田瑞穗是一个强迫他人无休止工作的人，他想的是“只要那些能够跟上自己节奏的人跟上来就可以”。我认为松田瑞穗要求的是不要被动工作，只有大量聚集那些能够从工作中感受到快乐，并为之废寝忘食，不会将工作中出现的困难看作是一种艰辛的人，企业才会发展。

作者与松田瑞穗社长在洛杉矶派对上（1978 年）

500 个口齿伶俐的人由 50 个愚蠢的人管理，而掌控全局只需要 5 个疯狂的人。

这句话是松田瑞穗用自己的风格表达成长中的组织该如何发展的。

他将这其中的深刻内涵，运用到企业管理中，如果不能大量聚集具有专业知识的人才的话，企业就不会存在；但是，只有这种人才，企业也不会发展。那些善于管理、使用伶牙俐齿员工的人只有变得愚钝，才有可能成功。在此基础上，还需要少数疯狂的人掌控全局，通过强有力的手段培养组织发展的动力。

松田瑞穗的意思是，职位越高的人，越需要具备非同寻常的精力和向心力，如果他们不能带领一线人员前进的话，组织就不可能向前发展。

可以通过顾客的数量确认店铺的支持率。

吉野家的发展建立在众多回头客会经常光顾消费的基础之上。顾客人数的增加反映了对吉野家产品和服务满意的人数不断增加，这是一条最通俗易懂的衡量企业好坏的标准。

这是松田瑞穗所强调的“顾客人数至上主义”的一种体现，而顾客的数量则是由顾客进店消费的频率决定的。

在企业组织内部，应该表达的是一种希望，而不是批评。

人们经常会将对企业的不满和批评挂在嘴边，在这种情况下，组织的发展就不会顺利。当员工出现不满情绪时，管理者应当思考如何将企业引向好的方向，需要听取大家的意见，让大家进行讨论。

特别是在公司经营情况恶化的时候，否定性意见更容易获得支持，如果企业负责人表达对企业的不满，那么这种批评的声音就会不断蔓延。松田瑞穗认识到当企业陷入危机的时候，就会出现上述情况，企业的瓦解往往始于企业内部，因此特别强调要以此为戒。

不能将员工培养成只有自己才能使用的人。

这句话是警示那些将属下按照自己的风格进行培训，并将员工看作是好用的工具的管理者。特别是那些具有个性的上级，很容易形成一种自我认同的风格，并试图将这种风格嵌入手下员工身上。在这种情况下，如果上级有变动，或者员工岗位有变化后，员工就会出现适应性困难。企业需要培养具有共通性的员工，这样无论他们去什么地方（或者跳槽去其他公司）工作，依然能够发挥作用。这样才能让企业发展壮大。

第三章

革命前夜

—— 吉野家三件大事之一：破产重组背后的故事

企业陷入经营危机的原因

接到公司命令回日本的时候，我还不知道公司已经陷入了经营危机之中。事后认真分析，我知道了造成这场危机的原因。

快速的规模化发展使吉野家牛肉品质下降，产品价格上升，过度扩张也使得亏损店铺数量增加。

当公司在日本国内的分店数量超过100家的时候，松田瑞穗并没有停止继续扩张的脚步，而是以每年增长一倍的速度继续增加店铺数量，同时开始进军美国市场。由此导致了一系列问题的出现，例如：根据日美相关协议，日本从美国进口的牛肉数量是有限的，无视这一限制条件，继续扩大店铺数量，就会导致吉野家在日本国内与其他采购美国牛肉的商家（商社或食品加工企业）之间产生竞争关系，最终导致进口牛肉供需平衡关系被打破，进而使美国牛肉供不应求，牛肉价格不断上涨。

价格上涨之后，美国牛肉在日本市场开始出现供应不足。面对这种情况，万般无奈之下，松田瑞穗只能采取减少牛肉使用量，以及使用一部分冷冻干燥牛肉代替美国牛肉的策略。

所谓冷冻干燥牛肉，是一种经过加工处理的牛肉，当时吉野家正在研发这种技术。这种冷冻干燥牛肉被排除在日美牛肉贸易限制性目录之外，其获取过程主要是先将美国生产的牛肉出口到中国台湾地区，在台湾地区的工厂加工之后，再出口到日本。冷冻干燥牛肉在口感上与吉野家传统上使用的牛肉存在明显差异，所以当时在吉野家，这种肉正处在研发之中。

虽说这也是不得已而为之，但不得不说使用冷冻干燥牛肉的决定是一种欠考虑的做法。因为冷冻干燥牛肉在新鲜度和口感上都差很多，这辜负了顾客对吉野家的信任。

此外，松田瑞穗还将中碗牛肉饭的价格从 300 日元提高到 350 日元，并且这种提价是发生在采用加工牛肉导致食物口感降低的情况之下。而与此同时，随着店铺数量的急剧扩张，店长的素质也开始出现下降的现象。

除了以上问题外，其他潜在问题也开始浮现出来，例如加盟店（FC）问题。当时，吉野家所采用的加盟模式非常特殊：从加盟店开店准备到原材料供应，甚至店长和员工也由吉野家提供；作为补偿，加盟店需要将销售额的3%作为加盟费交给吉野家；而且，因为吉野家负责从食材到筷子等所有环节物品的供应，所以这些物品采购所产生的利润也归吉野家所有。

这种加盟模式，在市场行情稳定的时候，不会出现什么问题。但是当亏损店铺数量增加的时候，加盟店铺支付由吉野家先行垫付的人工费和原材料费等的时间就明显延迟，从而导致公司资金周转出现问题。这种资金成本对吉野家来说是非常大的负担。

吉野家原本没有不动产等其他资产，公司运营基本上依靠现金流，因此，公司的经营出现问题也是可以理解的。

事后回想起来，在我们被派遣到美国学习期间，在公司快速发展的背后，隐藏着的“人、资金、物”方面的问题在一年时间内集中爆发出来。

随着美国店铺数量不断增加，相应地，吉野家的亏损金额以及资金需求量也不断增加。在此之前，通过自己独特经营风格和超前的预见性，实现了吉野家快速发展的松田瑞穗，为什么会犯这种错误呢？

实际上，在公司经营开始陷入危机的数年前，吉野家的融资情况出现了很大变化。在作为一家大型餐饮企业上市后，吉野家的快速发展开始引起日本社会的广泛关注，那些之前不把吉野家放在眼里的大型银行开始伸出橄榄枝，希望吉野家使用更多融资贷款。

在这样的背景下，情况发生了变化。以前，为筹措开设一家店铺所需的资金，吉野家必须请求信用金库[①]给予贷款。但是现在，吉野家能够一次性获得大额信用贷款。这也许就是松田瑞穗社长决定采取激进方式扩大企业规模，并在美国牛肉出口数量受到限制的情况下，决定进军美国市场的主要原因。

① 日本的一种存贷款金融形式。——译者注

松田瑞穗社长失踪了

1980年4月，回到日本后，令我感到最吃惊的就是公司气氛的变化。那些之前曾为工作不辞辛苦到处奔波的同事们，现在已经完全陷入一种无所事事的状态。

公司内部到处充满了一种让人压抑的气氛。这主要是因为曾经站在最前线发号施令的松田瑞穗社长隐匿了自己的行踪。

不知从何时起，吉野家的经营控制权不再属于松田瑞穗社长，而是被转移到了设在公司总部的“经营企划室”这帮人手中，而松田瑞穗社长则处于一种处处谨小慎微的状态。

正是这一原因使公司气氛开始变得压抑起来。为什么松田瑞穗社长的经营控制权被剥夺，我当时对此还不了解。但是，对于我来说，一直将吉野家与松田瑞穗画等号，因此，我必须要弄明白这中间发生了什么。

回日本之后，我被任命为东京地区第二营业部部长。在此过程中，我开始逐渐了解事情的来龙去脉。

1979 年 12 月，松田瑞穗决定提高牛肉饭售价。正如前面所介绍的，由于公司融资出现困难，松田瑞穗向特许经营人（Franchisee，从事资金和房地产等项目投资，并将店铺交由吉野家运营的人或公司），同时也是吉野家合作伙伴的大股东申请紧急融资贷款。

实际上，松田瑞穗社长不是吉野家最大的股东，最大的股东应当是这个特许经营人。这种情况出现的原因，可以从吉野家的发展历程中窥见一二。

松田瑞穗从父亲松田荣吉那里继承了吉野家，之后想让吉野家上市。但是，当时松田瑞穗手里没有什么资金，于是找到了相识的房地产公司的社长。

那位房地产公司的社长在东京繁华位置有一块地，以将自己持有的房地产租赁给吉野家的形式与松田瑞穗达成了合作协议，松田瑞穗也因此实现了吉野家连锁经营的目标。

也就是说，松田荣吉创立的筑地一号店是由松田瑞穗继承并拥有所有权的店铺，而二号店的所有权并不属于松田瑞穗。开设新桥二号店的时候，松田瑞穗与不动产公司合作成立了另外一家公司，即“吉野家总部”。于是，松田瑞穗在对方以出借门店出资的方式下开设了新桥店。

简单地说，松田瑞穗在知道对方“以提供场所的形式进行出资”的情况下，开设了位于新桥车站前的这家大型门店。

我曾经以兼职店员身份在新桥店工作过，同时也做过新桥店的店长，但是松田瑞穗并不是完全意义上的新桥店的所有者。

之后，吉野家的最大股东也成了拥有吉野家 25 家加盟店所有权的最大特许经营人。因此，当松田瑞穗向其申请紧急贷款的时候，对方要求松田瑞穗提供贷款担保。

但是，松田瑞穗之前将公司收益的大部分都用在了员工培训、企业扩大再生产上，而且，他也从来没有想过通过这种方式减少企业的应纳税额，相反公司应交的税额一分都没少。这种做法在当时的餐饮业是难以让人理解的。这也使得松田瑞穗没有什么资产可以用作贷款担保。而且，他当时已经将自己的住房抵押给了融资机构。

在这种情况下，松田瑞穗只能拿吉野家的商标权和优质的直营店作为担保，同时给予对方“暂时将公司的经营管理交给你”的承诺，才从对方那里获得了贷款。

如此一来，“引狼入室”也就不可避免了。1980 年春，对方派遣自己的人进入“经营企划室”。这些人仅以“现在怎么还能将员工送到美国学习，简直就是一种浪费”为借口，就将我们这些在美国学习的人召回了日本。

静待风暴的沉寂

吉野家创始人、将吉野家发展壮大的松田瑞穗社长变得有名无实。在我们这批留学人员当中，先期回日本的副社长是一个秉性耿直的人，因为回日本后被对方追究责任，所以就从公司辞职了。而那些接替我们担任地区总部本部长的退役官员们也相继遭受打压，被公司辞退了。公司总部的经营管理大权被大股东派遣的人员所控制，而我们这批松田瑞穗的“嫡系”则被降级。而且，我们当时还听说经营企划室正在策划让吉野家破产，然后彻底清除松田瑞穗及支持他的员工，再利用商标权和加盟店组建新的机构，以谋求吉野家的重组。

听到这些，我们立刻正色道：“与其被他们辞退，不如我们主动辞职！”

当时大家都很年轻，血气方刚，因此都不愿意被对方牵着鼻子走。而我们的愤怒不知道什么时候传到了松田瑞穗的耳朵里。有一天晚上，我们这批留学美国的人被叫到了松田瑞穗的家里。

实际上，我们回到日本后，一次也没有见过松田瑞穗。从公司经营管理职位上隐退的松田瑞穗似乎是有意躲着我们。当时，如果松田瑞穗有什么举动的话，就会被对方派驻的人察觉。因此，松田瑞穗可能认为私下与我们接触无论是对他本人，还是对我们都会产生不好的影响。

但是，当得知我们这些人出现了不稳定的情绪之后，松田瑞穗还是冒着风险与我们见面。

在这次时隔多日的重聚饭局上，松田瑞穗对我们说："大家听好了，现在我们正处于风暴的最中央。我现在也没有采取任何举动，只是静静观察对方的行动。在这种情况下，请大家不要再说辞职的事情了。"

当年7月，金融机构也派人过来，盯着形势的发展。此外，加盟店店主、因为公司延迟支付资金而找上门的供货商以及媒体等每天都聚集在公司总部。

我们这些支持松田瑞穗的人在6月的大规模组织改革中被公然降级处理，我被发配到有乐町店当店长，其他两个人也都被发配到小型门店当店长，而且是连降三级。

“明白了，忍耐。”听了松田瑞穗的话之后，我们答应暂时按兵不动。但是其中的六本木店店长在第二天就结束了自己的店长生涯，辞职离开了公司。

最后，只剩下我们两个人。当时，我心里想着，如果要辞职的话，我随时可以回到福冈老家继承爷爷的事业，但我想亲眼看看吉野家究竟会走向何方。

但是，其他同事却没有这种想法。这些曾经是松田瑞穗支持者的同事连续几日找到我，和我商量接下来该怎么做：“安部，我们已经受不了了，不如辞职算了。”

因为不能在有乐町店里和这些人说这件事情，所以我就找了一个能够秘密商议的场所，大家下班后就在这里商量对策。商量的时候，我曾经绞尽脑汁劝大家不要辞职。

“现在人手已经捉襟见肘。如果我们一起辞职不干的话，吉野家就彻底完了！”

“这样不是更好！反正这些新来的管理层正在摧毁吉野家！”

“不对，如果这样的话，我们正中了他们的圈套。如果员工一起辞职的话，那么他们就找到了让吉野家不得不破产的理由。如此一来，无论今后我们去哪里工作，都是摧毁吉野家的帮凶。

而且，如果我们能坚守岗位到最后一刻，也会增加新雇主对我们的信任。”

也许是大言不惭，我现在还记得当时用尽浑身解数试图挽留他们的场景。

我当然理解同事们“这种公司不值得留恋”的想法。当时，有很多公司向我们发出了邀请，因此，继续留在吉野家也没什么意思。在这种情况下，同事们跳槽去向他们伸出橄榄枝的公司也是自然而然的事情。

只是我们这些店长级别的人的行为也引起了吉野家内部的分裂。导火索就是加盟店的所有者开始反抗进入公司的外来管理人员。

进驻公司的管理者自称是“经营企划室”的人，他们利用从松田瑞穗那里获得的商标权，试图控制吉野家经营管理的实权。但是，从加盟店所有人的角度来看，这样一来，他们的命运就被这些人掌控了。

于是，“经营企划室”的人开始采取行动，带着数十名员工离开了吉野家。如此一来，这些不赞同新公司方案的加盟店就失去了方向。入驻吉野家的管理者的目的就是让吉野家破产，然后以新吉野家的名义接手公司业务。

没有可能获得批准的《公司更生法》[1]

不愿意被进驻的管理人员牵着鼻子走的支持松田瑞穗的加盟店与这些外来人员的攻防战依然持续着。

虽然现在我能够理性地讲述这件事的发展过程，但是说实话，我当时心里也有不再管这件事的想法，认为“不管事情如何发展，应尽早做个了断，早点离开这个混乱的环境”。我对这场松田瑞穗不在场的公司经营主导权争夺战感到了厌烦，无论是精神，还是身体，都感到疲惫不堪。

我心里已经开始出现辞职离开吉野家的想法，心想，事情有个了断之后，自己就离开公司，休养几个月，在这期间也思考一下下一步的人生。

/

① 日本的一种企业破产重组的法律。——译者注

在临近公司正式破产（银行停止交易）的7月15日，有一天，松田瑞穗联系我们，并说“有重要的事情，大家聚一下”。于是，包括我在内的松田瑞穗支持者一共5人聚集到了松田瑞穗秘密租赁的商务酒店。

酒店房间是靠墙只有一张床的狭小的单人间。松田瑞穗头发蓬乱，穿着宾馆提供的浴衣盘腿坐在床上等着我们。

他对我们说：“你们应当知道《公司更生法》吧。我想通过这种方式，重组吉野家。”

听到这个消息后，大家心情都有些复杂。虽然从松田瑞穗的口中听到“重组”这个词，大家应当是高兴的，但是都认为已为时太晚了。

因为当时大家听说，公司7月15日发生了几次空头支票的事情，因此破产在所难免，当下的事务是如何处理破产后的相关事宜，而且《公司更生法》是针对重工业企业重组的法律，不适用于餐饮业。

而且，我们中间有些人已经找到了新的公司，希望尽快结束这边的事情，如果公司要破产的话，也希望尽快走完程序。虽然松田瑞穗对我们有知遇之恩，但是当时大家一致希望尽快结束这件事，尽快摆脱这件事。

虽然松田瑞穗提出了这个建议，但是大家都反对这种做法。然而，松田瑞穗并不因此而退却。

他告诉我们："既然有这么一部《公司更生法》，我想赌一赌。"

相信大家都知道，制定《公司更生法》的目的是避免经营出现问题的企业倒闭，让其在继续维持业务的同时，实现自主重组。如果申请通过的话，法院就会任命重组财产管理人，负责企业财产的处理和经营，调整利害相关者之间的关系，从而实现企业重组。

因此，如果吉野家的申请获得《公司更生法》的认定，那么即使债权人提出担保权的主张，法院也不会随意将担保物的所有权交给债权人。也就是说，作为上市公司的吉野家的经营权和财产权都会被转移到重组财产管理人手里。

但是，法院对适用《公司更生法》申请的审查非常严格，因此我们认为吉野家的申请几乎没有通过的可能。我们不断劝说松田瑞穗："社长，我们听说申请不可能通过。而且大家已经筋疲力尽，就这样算了吧。"但是，松田瑞穗却坚持己见："不试试的话怎么知道不行。我认为这是减少麻烦最有效的手段。"

我们五个人轮番劝说，希望松田瑞穗能够放弃，但是他就是这么一个人，自己认定的事情，即使是五对一的反对，仍然不会退却。

在你来我去的争执过程中，我们五个人当中有人提出来："既然是社长提出来的，他又不听我们的，那也没办法。那就去申请《公司更生法》，走到哪步算哪步。"最后，还是和以前一样，被说服的还是我们。

重组财产管理人登场

当时，大家想的是，我们提交申请，尽最大努力去做，也算是报答了松田瑞穗社长的恩情。但令人意想不到的是，申请竟然通过了。

迎来吉野家重组的机遇，本来是一件非常令人高兴的事，但说实话，当时大家心里想的却是“唉，竟然通过了”。

之前听公司的法律顾问说申请通过的可能性非常低，于是大家都认为“反正通不过，为了让社长死心，我们就去试试”。结果，申请竟然真的通过了。

事后我听说，吉野家的重组申请在日本社会受到了广泛关注。公司重组类案件由东京地方法院第八民事庭负责，据说野崎幸雄审判长的一句“等你们好久了”，现在还被人们津津乐道。通常来说，企业破产类案件适用的是《破产法》，一般归第二十民事庭管辖。因此，野崎幸雄审判长说："松田先生，对于你们是去第二十民事庭，还是来我们这里，我一直饶有兴趣。"

不管怎样，破产申请终于通过了，吉野家从而迈出了重组的第一步。虽然如此，但没有人知道申请通过之后会发生什么，因为没有人有相关经验。

在大家都在猜测接下来该怎么做的时候，法院指派的重组财产管理人登场了。

根据《公司更生法》的相关规定，在判决可以重组之前，法院会指派重组财产管理人，负责管理企业的财产。从申请通过的那一刻开始，重组企业就会被移交到代理人手中。法院指派的重组财产管理人是三名律师，他们分别是增冈章三先生、今井健夫先生以及马场英彦先生。在吉野家案例中，重组管理的期限是 2 个多月，上述三位作为财产管理人员及财产管理代理人代表负责吉野家的重组。

当时，增冈章三先生刚刚从日本律师协会秘书长的职务上离职，今井健夫先生是一名具有正义感的战斗型律师，在公司破产重组领域以手腕高超而著称。

由这些法律界知名人士负责吉野家重组，所以理所当然，公司全体人员出门迎接。但是据说，三位初次到公司时，对员工当时的样子感到失望。

他们当时觉得“吉野家全体员工的眼神如同死鱼的眼睛，非常让人失望”。

至于我，之前就是一个不太懂礼仪的毛头小子，当天竟然没有去上班。当时，我心想，“申请书已经提交了，持续数月的战斗也终于结束了”，于是自己也失去了行动的动力。

增冈章三先生非常沉着冷静，属于那种在敲过石桥确认安全后再过河的人，有时甚至会因为用力过猛而将石桥敲坏；而今井健夫先生则相反，是一位非常威严的律师。当时，今井健夫先生说：“大股东？我会与他们大吵一架，把商标权夺回来，所以你们不用担心。”

不管如何，吉野家的未来就托付给了这两位。

共同奋斗过的
增冈章三和今井健夫

当听到吉野家破产的消息后，媒体对吉野家的批评之声犹如滔天巨浪：“吉野家只会卖一种产品，所以失败了”，“牛肉饭这种土得掉渣的产品已经不适应现代社会，已经被时代抛弃”，“欠缺一种能够吸引女性顾客的流行要素”，等等。虽然我们虚心接受这些批评，但是当看到这些批评的具体内容后，感觉都是一些驴唇不对马嘴的内容。增冈章三和金井健夫也不是餐饮业的专家，即使受到这些带有误解和偏见的社会舆论的影响也不足为奇，或者说，受到影响才是应该的。但是，令我感到佩服的是，两位完全不为上述舆论所动。

两位对我们说：“经历了重大挫折后，人们都希望立即调转方向，但是这种立即调转方向的做法无异于火上浇油。大家首先要做的，应当是彻底检视自己从事的事业的本质是什么，以

增冈先生（左）、今井先生（中）与作者（右）在吉野家店内

及失败的原因是什么。在准确确认上述问题之后，再尝试改变也不迟。大家应当认真彻底地分析吉野家为什么不行了。”

而且，让我们对这两位更加信任的是，他们代表我们与大股东进行了顽强的斗争。

大股东持有吉野家的商标权，并利用商标权试图成立新的吉野家，如果因为《公司更生法》实现了吉野家的重组，那么对他们来说是非常大的麻烦。于是，对方就利用对簿公堂或者加盟店会议的方式试图动摇我们的决心。

最终，在这场战斗中，我们取得了完胜，而这一切完全都是两位先生的功劳。

当时，斗争的对手不只大股东一家，作为债权人的合作方也都找上门来，而供应商因为担心我们会被打败，就拖延交货时间。在这种情况下，我们一方面要采取紧急措施应对这些困难，另一方面要在人手不足的情况下维持公司运营。

有一天，一位与代理人关系密切的上级领导告诉我："你去见一下今井先生。"见面后，今井健夫对我说"你是安部先生吧"，他要求我负责营业部的管理工作，同时负责重组过程中的销售工作。除此之外，他还对我说："我在想尽办法挽留那些想离开公司的人，忙得不可开交，所以我想把营业部的工作交给你。"

当时，公司正处于悬崖边上，原地踏步，因此有很多员工和经理人想离开公司。这时如果没有人主动站出来，去挽留这些想要离开的人的话，那么吉野家就会走向破产。

当时，我们的口号就是"不要让吉野家的灯熄灭"，于是，所有店铺都坚持 24 小时营业。

通过大幅削减亏损店铺的数量，员工的数量也比之前减少了一半。最终，吉野家终于扭亏为盈。

然而，当时采取的措施与之前并没有太大的不同。

“使公司陷入倒闭危机的不是什么只有一种牛肉饭，或者不受女性消费者欢迎，而是因为店铺数量的快速扩张所导致的产品质量的下降，进而引起了顾客的流失，从而使销售额急速减少、财务情况恶化。”这就是我们对公司陷入倒闭危机的原因进行分析之后，得出的结论。

我们采取的应对措施是停止使用冷冻干燥牛肉、恢复以往口味、降低产品价格，以提高顾客满意度。也就是说，一切以“好吃、便宜”为中心。除此之外，我们对店长重新进行培训，以提升其管理技能，提高组织活力。我们希望通过这些措施，使吉野家全面恢复到以前的样子，如此一来，业绩也能够恢复。

两位先生认可了我们的分析。当然，对于那些因为所处地理位置等原因还没有扭亏为盈的店铺，我们打算撤店。

采取这些改革措施后，成果开始逐渐显现。在我们这些曾一度放弃过的员工当中，“说不定公司真的可以起死回生”的声音开始扩散。

我想，我们之所以能够走到这一步，很大一部分原因是我们一半以上的员工都是年轻人。当时，吉野家的员工主要是20~30岁的年轻人，这些人能够看到10年甚至20年后的情形。如果当时我们的员工主要是那些肩负着家庭重任的40岁或50

岁的人的话，就不会有今天这样的成果。

在以两位先生为中心，公司全体员工的努力之下，大家重新找回了吉野家的本质以及失败的原因，也看到了吉野家重新起航的希望。

员工的工资照常发放。虽然还处于破产重组过程当中，但是公司依然给员工发放了奖金。对此，法院也曾经感到困惑，但是两位先生力排众议，替我们辩解道："在餐饮业，人就是一切。"

Saison 集团的支持

在重组过程中，以西武百货为首的 Saison 集团决定为吉野家提供支持。

杉木会长与就任社长的作者

在提出为吉野家提供支持的企业当中，也有当时很有实力的DAIEI（大荣）等企业。最后之所以选定Saison集团，主要是因为增冈章三先生与Saison集团负责人堤清二先生是东京大学同届的校友。增冈章三与堤清二先生是吉野家重组的管财人，而Saison集团派遣的铃木兴三郎、西武餐饮的董事长以及金井健夫先生则是财产管理人员。之后，西武餐饮的杉木惇副社长代替铃木兴三郎成为代理人，而杉木先生在公司重组后成了吉野家的社长。

得到Saison集团的支持后，吉野家在1987年春偿还了全部债务，取得了在短期内清偿所有债务的伟大成就。

根据1983年东京地方法院通过的重组计划，吉野家要在5年之内偿还全部债务，可实际上我们提前3个月就实现了这一目标。此外，我们还与大股东达成和解，收回了包括商标权在内的担保物。

由此，吉野家成了Saison集团的下属公司，并于1988年与西武饭店旗下的经营Dunkin’ Donuts等快餐品牌的D&C公司合并，以“株式会社吉野家D&C”的身份重新扬帆起航。

重组前夜的舞台

现在回想起来，得到当时 Saison 这样强大后援的支持，是吉野家重组强有力的后盾。

但是，说实话，我当时有一种不甘心的感觉。

之所以会心有不甘，主要是因为当时在决定引入 Saison 集团支持的时候，我们认为可以依靠吉野家自己的力量实现重组。实际上，当时吉野家的营业额已经完全恢复，公司利润也不断增加。

因此，我们当时认为，不需要借助其他资本就可以实现公司重组。当时自己的想法就是，能走到这一步靠的是我们自己积累的方法，是公司自己的风格。如果成为其他公司的子公司，那么我们的经营管理就会受到干涉，如果可能，我们希望避免出现这种情况。

于是，我首先询问了增冈章三和金井健夫，问两位能不能留在吉野家担任负责人。

但是，两位的回答是“不可以”。“作为代理人，在公司重组之前的一切事情都是我们的工作。但以经营者的身份留在重组后的企业，是不道义的。”对于两位的拒绝，我虽然感到非常遗憾，但是细想起来，正是因为有了这样两位光明磊落的人，吉野家才能重生。

但是包括我在内，留在吉野家的这些血气方刚的员工们都对借他人之力感到不满，希望通过自己的努力，实现公司重组。于是，我们开始采取反抗行动。

对于反对由受人尊敬的增冈章三先生和金井健夫先生主导的重组方案，我内心有一种愧疚感，但是还是决定“两位先生拒绝加入是没有办法的事情。那么，我们反抗的手段只有罢工这种方法了，即使采取实际行动也要阻止这种重组”。现在回想起来，这种做法真的是非常幼稚。但是当时，我们已经开始策划反抗的方法了。

在员工认为“只能对着干”的这种氛围下，我背着伙伴们，去了一个地方——松田瑞穗那里。

实际上，当时我想过，如果增冈章三和金井健夫两位不愿意担任公司负责人的话，即使不能在短期内实现，但是等情况稍微稳定之后，可以让松田瑞穗重新出山。

当我告诉松田瑞穗无论如何想通过自己的力量实现公司重组的想法之后，他这样对我说："你们傻吗？所谓资本这种东西就是要流向可靠并且有利可图的地方。因此，你们只需要展示出实力，证明你们这里是可靠的且有利可图的就可以了。至于资本这种东西，来自什么地方无关紧要。"

当时，我自认为说出自己的请求之后，松田瑞穗会表扬我，说"你们辛苦了，你们如此替我着想"，然后会欣慰地摸一下我的头。但现在看来，我当时的想法真的是太肤浅了。

"Saison 是一个非常有实力，而且非常可靠的后盾。只要能够让那些人认为在你们这里资本才能发挥更大的作用，那就够了，其他多余的事情不要考虑。"

也就是说，如果将资金投到其他地方能够使其发挥更大作用的话，那资金就会流向其他地方，这就是资本的理论。如果不喜欢这种游戏，那么你们就要变成资本愿意的流向。

确实如松田瑞穗所言，虽然我之前曾经偶尔听他说过一些有关资本的理论，但是此时他的话却更加深入人心。

从松田瑞穗那里回来之后，我告诉大家："我去找一个人商量了一下……”并将他的话告诉了大家，还说我认为他的话是正确的。

听了我的话后，大家开始叫嚣起来：“安部，你现在说什么呢！”最后，还是上原胜太郎的一句话，缓和了局面。他说：“大家之前都非常支持安部，那么，我们就要支持到底。”

这也是吉野家的文化之一。在做决定之前，要进行充分的讨论，一旦决定下来，那么大家就齐心合力完成任务。

法国料理与牛肉饭

在接收 Saison 集团的注资，成立“吉野家 D&C”之后，我被委任为公司合并前与增冈章三先生一起推动成立的中国台湾地区吉野家的社长，兼任我在台湾期间被合并的 Dunkin’ Donuts 的本部长。

虽然吉野家和西武餐饮同属于餐饮业，但不知道是不是文化差异的缘故，两家企业给人的感觉差别很大。

法国料理与牛肉饭之间的差异很大。这种差异不仅体现在食物本身和各自的消费群体层面，这两种食物所代表的饮食习惯等文化也是完全相反的。

例如，吉野家和西武餐饮的开会风格和定位就存在明显差异。西武经常开会，并会为准备会议用的资料消耗大量精力，而且资料内容的表述、资料呈现的方式等都带着一种文化气息，一看就是精心准备过的。

再回过头，看一看吉野家的文化，简直就是天壤之别。吉野家的会议很少。在吉野家，会议被认为是工作的辅助性工具，不怎么被重视，而且会议资料只有会议要点等几条信息。在吉野家，更多的是重视现场指导。

当然，并不是说重视现场就可以不需要思考，只需要行动。吉野家强调的是，首先行动起来，然后在行动过程中进行思考，这种思考一定要符合逻辑，也就是应当具备毫无漏洞的连贯性，这就是松田瑞穗的做事风格。

如果能够在现场进行理论性思考，并将之付诸实践的话，那么其中就包含了现实的数据论证，因此，不需要通过会议等形式，只要将现场的情况汇报一下就可以了。

Saison 集团中有人对这种看似不符合盖浇饭餐厅风格的吉野家员工们的思维逻辑，表示赞许。

当时，对此表示赞许的人，就是被称为是堤清二“参谋”的和田樊明。

和田樊明在吉野家并入 Saison 集团的时候，被堤清二委任为西武餐饮的社长兼吉野家会长，全权负责 Saison 集团的餐饮事业。

当时，很多人看不起吉野家，认为“真的可悲，西武竟然要卖牛肉饭”。在这种情况下，和田樊明却认同我们这些吉野家销售人员的能力，经常给予我们鼓励，“你们的做法没有问题”。而且，对于西武的人，和田樊明要求“你们应当向他们多学习”。

由此，我们这些思维单纯的人开始感受到一种动力，并迅速拉近了与对方的距离。原本吉野家如果认真做的话，就可以获得不错的收益，只要不鲁莽行事，应该不会出现破产的情况，因此，在不知不觉间，吉野家的收益开始远远超越了西武饭店。

在此过程中，我曾经被任命为株式会社吉野家 D&C 的常务董事以及专务董事；之后，又于 1992 年 9 月被任命为吉野家社长。从 1980 年吉野家破产风波、被电召回日本算起，已经过了 12 年，我在 42 岁的时候成了吉野家的社长。

第四章

尝试低价销售引发的挑战

——吉野家三件大事之二：“中碗牛肉饭 250 日元促销活动”风波

“吉野家的价值”是什么

幸运的是，从我担任株式会社吉野家 D&C 社长以来，公司的运营发展状况一直比较顺利。

20 世纪 90 年代中期，作者与道奇队的著名教练汤米·拉索达（Tommy Lasorda）在道奇体育场

1996 年，吉野家在日本国内的店铺数量超过了 500 家；2000 年，吉野家成功在东京证券交易所主板上市。在一切都顺风顺水的情况下，甚至有人都已经不记得之前曾经发生过的吉野家破产风波了。

在这个美好的时代，即将进入 21 世纪的时候，吉野家出现了一些变化。2001 年，我在年初向全体员工的致辞中，提出“要让吉野家进一步成长和发展”的企业发展目标。

20 世纪 90 年代初，随着泡沫经济的破灭，日本经济开始失去往日的辉煌。在这种长期经济不景气的情况下，消费市场陷入缓慢的低迷状态，物价也开始不断下降，这就是所谓的“通缩状态”。

在此背景下，消费者开始购买低价商品，因此，此时“价格战”开始在各行各业蔓延。在服装行业，优衣库以整合商品品种和低价为主要策略，开始称霸服装行业；而在餐饮业，以行业最顶端的麦当劳为代表，萨莉亚、Bamiyan 等都不约而同地采取了低价销售策略，这种低价销售模式也开始席卷整个行业。

在此过程中，大约在 2000 年，吉野家店铺的顾客数量开始减少。这是吉野家重组后未曾发生过的事情。当时，我们开始分析“是什么地方出现了差错”。

当时，我们猜想应当是吉野家商品价格中所包含的价值出现了下降。对此，我将目光放在了吉野家提供的价值以及顾客所感受到的价值之间的差距上。为此，我发起了一个“空间”项目，该项目主要探索回应市场（顾客）需求的方法。我想通过这个项目实现“吉野家价值的重新设计”。这也成为引发被称为吉野家三件大事之二——“中碗牛肉饭250日元促销活动”风波的导火索。

所谓的“吉野家价值”，正如各位所知，是从松田瑞穗任社长时期一直延续至今的“美味、便宜、迅速”这一理念。当然，除此之外，还会有一些其他价值。但是，与这三个价值相比，其他价值的影响就相对小了很多。

那么，“美味”、“便宜”和“迅速”这三个价值之间在重要性方面存在什么样的差异呢？

对此每个人的认识都是不同的，因此难以进行精确的量化。但是，如果将三种价值的总分设定为100分的话，那么“美味”占据50%，“迅速”占据30%，而“便宜”则占据20%。但是，我当时一直在思考，在价格战不断推进的过程中，把“便宜”的重要性设定为最低，这种战略是否适合。

我当时有一种强烈的想法，那就是重新彻底认识一下价格中所包含的价值因素，并在此基础上，重新设计“吉野家价值”。

这种想法在不久之后就变成了给大家带来巨大麻烦的重大事件。但当时，我却完全没有意识到这件事可能产生的后果。

重新设计价值的方法

于是，我们重新设计了计算吉野家价值的方法。首先，确定每家店铺的顾客数量从每天700人增加到900人，人均服务顾客数量（人均服务顾客数量 = 顾客人数 ÷ 全部劳动时间，即每名员工每小时服务的顾客人数）从11人增加到16人这一发展目标。

也就是说，为了提升“便宜”这一价值，我们计算出必须要满足上述这一最低限度的人均服务顾客数量的目标。当然，实现上述目标的前提是，绝对不能改变产品的味道以及降低公司利润。

此外，我们当时还设想通过强化“便宜”因素，在满足顾客需求的同时，利用降价的契机，重新搭建公司内部体系。

换句话说，在追求适应市场需求目标的过程中，不仅能实现产品价格下降这一目标，同时还能从采购程序入手，改良功能性组织结构，提高组织生产效率，进一步打破公司僵化的体制，并为公司创造改革的契机。如此，通过重新设计吉野家的价值，就能实现公司“进一步发展”的目标。

于是，我们决定在每年一次的春季促销活动中，按照惯例，牛肉饭降价 100 日元，套餐降价 50 日元。当时，中碗牛肉饭的价格是 400 日元，降价后只需要 300 日元。一个月之后，我们重新修订了促销活动的内容。在“空间”项目中的价格试验方面，在维持各种产品价格的同时，为了探索将牛肉饭价格降至 270~290 日元时的应对策略，我们需要看一看将价格调低到 250 日元这一最低限度时消费者的反应情况。

由此，2001 年 3 月 5 日，我们正式决定开展吉野家历史上有名的“中碗牛肉饭 250 日元特价”这一重大事件。

“这下玩完了”

我们都没料到，市场上风云突变，在促销活动开始一周之前，已经出现了某些不好的征兆。

当时，电视等新闻媒体开始播放一周之后吉野家的中碗牛肉饭只要 250 日元的促销活动将要开启的消息。虽然消息说的是一周之后才开始执行 250 日元的价格，但是播出之后，吉野家门店的顾客人数开始急剧增加。

之后我们才了解到，当时吉野家的顾客人数比上一年同期增加了 120%，部分门店的顾客数量甚至比上一年同期增加了 200%。“250 日元”这一价格所带来的冲击实在是太大了，虽然促销活动还没有开始，但是人们已经有了一种促销活动已经开始的错觉。

实际上，吃完饭结账的时候，很多顾客才发现价格还不是

250 日元：“哎，不是 250 日元吗？”

当时，生产物流部门正在按部就班地准备着春季促销活动所必需的相关物品。我们当时预计促销活动期间，顾客的人数是平时的 2.2 倍，为了以防万一，要按照平时 2.5 倍的顾客人数着手准备食材、备用物品、人员以及货车等。但是，在促销活动开始之前，顾客人数就突然急速增加，导致在促销活动还没开始时，食材的数量就已经少于预计的数量。

当时，我们真的是陷入了一种被动的糟糕状态。虽然情况不容乐观，但是我内心深处还是认为自己应当可以应付这种突发情况的。虽然知道情况的严重性，但是我还是决定继续“带病”上路，冒险一试。

2001 年 4 月 4 日上午 10 点，中碗牛肉饭 250 日元促销活动开始。

活动开始后，各家门店开门迎客，但是发现顾客的人数远远超过了预期。店内总是座无虚席，而且排队购买牛肉饭外卖的顾客已经排队排到了门店外面的马路上。购买外卖的人非常多，开店迎客之后，早早就出现了饭盒数量不够的情况；到了中午，会有更多顾客上门。店员们完全没有预想到这种情况。

当时，吉野家公司总部聚集了支援的人员，以随时向各门店提供帮助。但各家门店在开门之后，就出现了顾客排队的情况，支援也鞭长莫及。

当时，全日本各门店的店长心里都想着："糟了，这与之前的促销活动完全不一样。"在公司总部的客服部门，从促销活动开始的第一天，投诉电话就响个不停。此时，这已经不是将要发生什么不好的事情的前兆，而是不好的事情已经开始发生。

我们开始从东京工厂向大阪以及仙台地区增加牛肉的运输数量。很多要求增加牛肉供应的请求飞向了公司总部，为此，公司营业部门不得不加班到半夜进行处理。

但是，在这种情况下，发生了一项紧急事件。

那就是，在促销活动开始的第一天，洋葱已经没有库存。虽然已经向供货商订购了切碎后的洋葱半成品，但是供货商当时没有做好应对这种变化的准备。因此，我们不得不紧急增加洋葱订货量，当对方回答"明天一早就开始准备"后，我们提着的心终于放了下来。

陷入混乱，
最后有的门店闭门谢客

促销活动的第二天。

食材以及备用物品数量不足的问题越发严峻。洋葱当时还处在提货准备阶段，牛肉的配送也不顺利。当时，我们真的是完全陷入一种束手无策的状态。第二天，已经开始有门店闭门谢客了。

促销活动的第三天。

由于我们首先要保证牛肉解冻，所以不得不暂停了咸菜和沙拉的制作。因为工厂空间难以满足这么大量的牛肉解冻需求，所以我们不得不把能利用的空间都利用了起来。

牛肉运输也陷入一种混乱的状态。因为增加了很多临时车辆，工厂停车场内出去送货的车辆和进来给吉野家送货的车辆乱成一团，通常从肉类中心到配送中心只需要几分钟的时间，但是当时却要花上 30 分钟以上。当时，全日本有 260 家门店出现了食材短缺的情况，有的门店因为配送延误而不得不闭门谢客。

当时，确实出现了一种失控的混乱局面。而我能做的只是给每一位员工发红包，然后在红包上写上一些激励的话，告诉员工，在吉野家的历史和传统中，大家应当用一种充满了自豪和荣誉感的态度去为顾客提供最贴心的服务。

但是员工对此并不买账，很多店长大叫道“我们才不要你说的这些东西，你只需要尽快把牛肉给我们送过来”；还有很多员工一边流着眼泪，一边说“我们要的不是钱”。因此，这种激励措施反而引起了大家的反感。

当时，工厂已经处于 24 小时全负荷运转状态，员工们也都加班加点。傍晚的时候，公司总部聚集了招募的 30 人的支援小分队，这些人还没来得及脱下西装和领带，就开始在工厂里帮忙解冻牛肉并将牛肉切片，一直忙到第二天早上。说到这，我当时已经没有时间去反省。我的工作就剩下不断分析新的信息，掌握活动的总体发展动态，然后与相应的部门和负责人进行联系，下达命令。

就在几乎所有员工不眠不休加班加点工作的状态下，我们迎来了促销活动最大的考验——周末。

最大的危机来临，只能是二选一

促销活动第四天。

各家门店的店长们一边要应对不断涌进来的顾客，一边要处理顾客的投诉等。这些投诉包括“上饭时间太长了”“汤汁没有味道”“米饭太硬了”等，除此之外，也有顾客投诉外卖排队时间太长。

店员们已经相当疲惫，但是他们有一种要为每一位上门的顾客提供牛肉饭的使命感，这种使命感也激励着他们坚持下去。

终于，最不好的事情在公司总部发生了。那就是在线信息传递系统崩溃了，于是只能采用电话和手写方式下单。如此一来，我们就不能时刻了解库存情况。之后，我们与食材工厂的联系也开始变得不顺畅了。

但是，最令人意想不到的问题则出现在运送货物的货车身上。

由于运送食材的数量已达到极限，所以仅仅依靠之前一直合作的运输公司已经不能满足需求，于是只能委托新的运输公司，但是新公司的货车司机对各家门店的位置不太清楚，所以食材的运输进行得也不顺利。

因为不知道运输花费的时间，所以门店也不能提前做好准备，于是出现了好不容易货车到了，却没有人接货的情况。这些不了解事情前因后果的货车司机们不得不在门店前等上数十分钟。而且，又赶上周末堵车，货车回到配送中心的时间也变得不可预测。

配送的延误影响了所有环节。虽然临近的门店还有食材存货，但是没有运输工具，于是有的门店也只能闭门谢客。

当时，我们已经处于一种回天乏力的状况。但是，面对这种情况，大家没有放弃，因为一线的员工们内心有一种执念，那就是无论身处何种困境，也应继续为顾客服务。在这种情况下，顾客人数继续增加，需求已经远远超过全日本食材的生产能力，销售额不断上升。

此时，作为公司负责人，我要做出决断。

是选择暂停销售外卖盒饭，从而将顾客的消费量减少一半，以增加牛肉库存量，维持全日本门店的经营，还是继续保持现状，最后使吉野家走向成立以来未曾有过的全日本门店关门？

之前，“24 小时营业，全年无休”一直是吉野家对外宣传的口号，无论遇到什么情况，吉野家都不会停止营业。只要有顾客来到吉野家，店铺就不会关门。即使在申请破产重组的过程中，吉野家也不曾关门歇业，这种精神是吉野家立身的哲学。因此，我不可能选择将全日本的门店闭门歇业。

于是，我最后决定暂停外卖盒饭的销售。盒饭一般是平均每人购买四个，如果暂停盒饭销售的话，就可以将许多节省下来的牛肉用于进店消费的顾客身上。为了避免出现所有门店关门的情况，我们只能一方面提高牛肉片的生产量，另一方面减少牛肉的消费量。无论发生什么事情，都不能闭店歇业，我想这也是一切以顾客为中心所应当具备的条件之一。

之后，我们通过电话和传真的方式由事业部长告诉营业部长，然后再由地区经理告诉各门店的店长。

但是，对于暂停盒饭的销售，不同门店反应不同。特别是一些位于郊区的门店，它们周末的订单主要是外卖。

当通知下发到各门店的时候，有的门店里面还有空座位，但是外面已经排了很长的队伍等待购买外卖。为了通知所有在门店外面排队的顾客，只能将在店里面工作的员工安排到外面，让他们去挨个告诉顾客。但是，很多门店没有足够的人手。

事后听说，当时很多门店的店长流泪了。很多顾客为给家人和朋友买牛肉饭，已经排了20分钟，甚至30分钟，但是也必须告诉他们“暂停销售盒饭”。

听到这个消息后，那些已经排到的顾客发怒了：“为什么不卖了”，“那里不是还有外卖用的饭盒吗”。有的顾客愤然离开：“想不到吉野家竟然干出这种事！”

在公司总部的客服部，投诉电话开始不断地打进来，投诉的内容主要是：“停止销售盒饭，吉野家这是在欺骗顾客”，“促销活动内容与网页上写的不同”，“停止播放虚假电视广告”等。

如果认识不到错误的原因在于自己，那么失败就没有任何意义

这一天早上，我给公司总部的部长以及室长发了一封邮件，邮件的内容是：“公司总部所有部长和室长在晚上八点到东京DC集合！”

东京DC是在牛肉处理工厂设立的物流中心的关键性据点。因为暂停了盒饭的销售，牛肉饭的销售量就会减少，接下来只要增加牛肉片的数量，就可以应付过去。因此，我想除了工厂管理人员之外，还要让公司那些穿着西装的管理人员一起帮忙。

原来工厂的工作时间是8小时，后来延长到12小时，再后来变成了24小时全负荷运转。为了满足人员需求，所有副社长以及公司常务等都来工厂帮忙。

当天夜里，大约有60名公司总部的员工来到了工厂，虽然手法有些生疏，但是大家还是通宵加班、尽自己所能地将牛肉

送到解冻人员手里，或者帮忙将牛肉切成片。

促销活动第五天。

当天是星期天，风和日丽。但是，吉野家的门店和工厂依然是乱成了一锅粥。

当时，我谨慎地尝试重新开始销售盒饭。我知道星期天可以卖掉很多盒饭。如果可能，我想在这个风和日丽的星期天重启盒饭的销售工作。

但是，在各种功能尚未恢复的情况下，我们不能实时掌握生产和消费的动态。其实，我最害怕的就是一旦重启盒饭销售，顾客数量突然大量增加的话，就会导致食材供应不足，再次出现门店关门的情况。如果再出现这种情况，那么真的会影响吉野家的信誉了。

最后，在得知食材的库存量没有问题，而且再三确认之后，在促销活动的第六天，我下发通知告诉全日本的门店重新开始销售盒饭。

同时，在促销活动结束后的第二天，吉野家在《报纸晨刊》上刊登了道歉声明，并决定给坚持到底的员工们发放临时奖金。

在持续六天的促销活动期间，吉野家平均每天的顾客人数比活动开始前一周增加了 186%，甚至活动开始第一天竟然增加了 300%，由此还导致部分门店关门。如果没有外卖的话，那么顾客人数应当可以达到平时的 2.5 倍到 3 倍。

在这场惨烈的战斗结束后的第三天，我将全体董事、部长以及生产物流负责人等叫到了公司总部，对这次促销活动进行总结。而且会后，将总结的失败原因及获得的启示等内容刊登到公司内部的报纸上。

公司内部的报纸属于内部文件，不得向外泄露，但这次我特别将相关内容发表出来。相关内容主要如下。

第一，这次促销活动，对吉野家的管理和运营来说是一种失败。失败最初的责任在我，因为我要求进行公司尚不具备能力的中碗牛肉饭 250 日元促销活动。

第二，全体员工看待这件事的角度也有很多错误，例如：

错误在其他部门、其他人，自己没有任何问题；

失败只是因为运气不好，是各种偶然因素叠加的结果，无论是谁都不能做好；

大家都不眠不休坚持到了最后，而且无论是社会舆论，还是媒体都给予了好评，因此不如把这件事看作一件好事。

如果是以上这些看法的话，那么我们真的是大错特错了，为了吉野家未来更好的发展，必须要认真总结。

第三，这次事件是由管理中存在的缺陷和稚嫩的运营方法造成的。

首先，对于管理上的问题，由于是第一次尝试，发生失误也是在所难免的。

今后应当做好万全的管理准备，避免出现物资短缺的情况。

相比已经做好的计划，在做准备的时候，至少应当再增加三成，这是管理上应做的。在此基础上，在技术层面上再增加两成，应按照这种方案做准备工作。在这次促销活动中，顾客人数只是增加了 2.5 倍，就出现了破绽，这体现了我们管理上存在的问题。

其次，是运营操作的问题。

在系统崩溃，从网络切换到人工的时候，在想法和行动层面，我们应当变换优先顺序，应当转换做法。但是遗憾的是，大部分人没有能跳出既有工作程序内容的轨道和路线。

第四，对于以上种种问题，我们要认真总结其原因。

告全体员工书

如上所述，在2001年的尝试过程中，我体会到了巨大的挫败感。但是，我认为这种尝试也为吉野家带来很大的收获，能够弥补吉野家的不足。

通过这次促销活动，我们理解了“重新设计吉野家的价值”这一目标真正的含义，从而完善了相关准备工作，避免了在推进目标的过程中再次出现混乱的局面。以每次增加10日元计算，我们从270日元到280日元，再到290日元、300日元做了很多价格调整试验，最后发现，290日元和300日元之间虽然只有10日元的差距，也会对消费者产生很大影响。

当然，这些试验也是采取与上述中碗牛肉饭250日元促销活动相同的方法，但是再也没有出现上次这种混乱的局面。

当把牛肉饭的价格设定为280日元的时候，我给营业部的

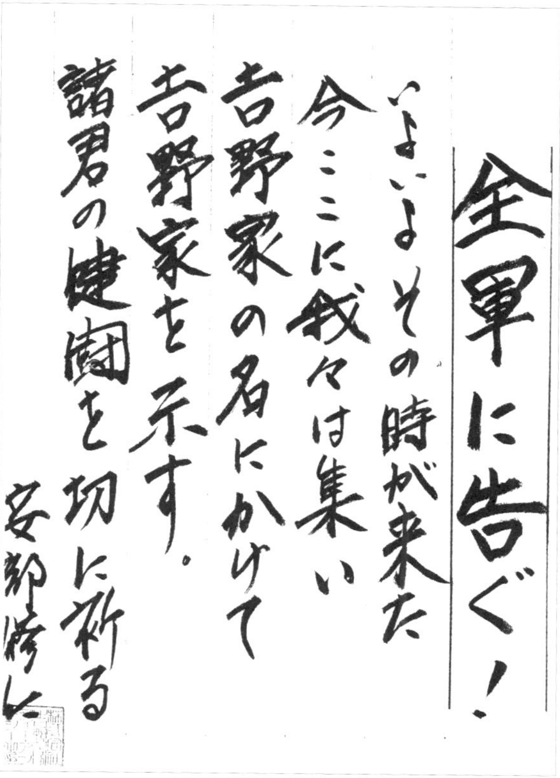

全軍に告ぐ！

いよいよその時が来た
今ここに我々は集い
吉野家の名にかけて
吉野家を示す。
諸君の健闘を切に祈る

安部修仁

告全体员工书

所有人送了一封我自己手写的信，信的标题是“告全体员工书”。不知道什么时候，这封信从董事手里传到了部长手里，又从部长手里传到了其他下属手里，然后传到各门店。

这是一个进军的号角，看了这封信，大家就应当能体会到下面将要开始的历史性一步的重要意义。

之后，在历次重要的价格调整过程中，我们都没有出现混乱的局面。我想这主要是因为，通过这次中碗牛肉饭 250 日元促销活动失败的经历，我们总结了原因，端正了态度，吸取了教训。

当你度过了“危机”，那么所谓的“危机”就会转变成机遇。从这个角度来看，通过这件事，吉野家向前迈出了很大的一步，也实现了最初的“促进吉野家进一步发展”的目标。

这场风波过后，那些不眠不休坚持到底的同事们说起这件事，都会滔滔不绝。

第五章

消失的牛肉饭

——吉野家三件大事之三：停止进口美国牛肉的2年零9个月

最糟糕的平安夜

这件事发生在 2003 年 12 月 24 日的平安夜。

我担任社长的 10 年时间内，吉野家无论是销售额，还是收益都不断增加。但此时，吉野家却迎来了最大的挑战。

当时，我收到了一个从美国传来的消息：美国华盛顿州发现了疑似感染疯牛病的牛，日本农林水产省已经决定暂时停止进口美国牛肉。

“美国发现了感染疯牛病的牛，现在那些正开往日本的货船都已经返回。目前，牛肉难以送到你们那里。”

听到这个消息后，我的第一反应就是，该来的终于来了。疯牛病最早是 1986 年在英国发现的一种牛特有的疾病，人一旦感染这种疾病，就会出现危险的克–雅氏病症状，因此受到广泛关注。2001 年，日本也曾经出现过疯牛病病例，当时采取的应对措施就是对所有牛进行安全检查。因此，我当时就想说不定什么时候疯牛病也会在美国发生，从而不能从美国进口牛肉。所以为了防止这种情况的出现，我们开始做各种预防性试验。

挂断这通天还未亮就打过来的电话之后，我马上给公司的管理者们发了一封邮件，要求他们早上到公司集合。作为一种危机管理流程，我们首先应当做的就是确认相关信息，并将信息共享。大家知道已经发生的事情后，根据自己的职责，搜集了相关数据。

“现在，牛肉库存还有多少？按照现在的情形，还能够维持多长时间？”

“能够坚持到 2 月。”

“好！现在就按照这个时间，制定应对策略。”

在问题出现的最初，我们首先应当做的就是在“什么时间”，“向谁”传递“什么信息”。如果不能做到这一点，后面一定会出现混乱。

“向谁”传递信息，首先是顾客和公司员工，然后是加盟店等合作伙伴，然后通过媒体告知公司股东。在“什么时间”传递，就是要尽可能的早。当时，因为是年末，如果不立即采取行动，不能在年底之前发出相关消息，那么媒体就会根据自己的猜测进行报道，有可能在社会上引发谣言的传播。如果出现这种情况，不仅会给顾客造成恐慌，也会在公司内外引发不稳定因素。这是最让人担忧的。

作为上市企业，如果公司做出了对经营方针产生重大影响的决定，那么就需要马上向东京证券交易所汇报相关情况。但六天之后的12月30日是东京证券交易所的“大纳会”①，所以时间不多了。按照这个时间倒推的话，我们27日在公司内商议对策，28日和29日分别在日本各加盟店说明公司应对此次事件的方针，30日举行记者见面会。也就是说，我们要在三天时间内讨论出今后的大致方针，并将方针周知公司管理者，当时的局面就是这么紧张。

① 年初和年末在东京证券交易所举行的庆祝活动。——译者注

不是美国牛肉，无法与“吉野家汤汁”匹配

得到这个消息的时候，我们已经大概知道在“什么时间”“向谁”传递信息，但是要传递“什么信息”，则是24日早上需要讨论的问题。

美国的牛是用谷物饲料饲养的，只有这种牛肉才能匹配用白葡萄酒调配出来的吉野家汤汁，如果缺少这种牛肉，吉野家难以继续提供具有传统口味的牛肉饭。

当想到最早从松田瑞穗时代一直持续到现在的牛肉饭将要从吉野家的菜单中消失，大家都非常难以接受。

当然，有人提出：“现在已经处于生死存亡的时刻，不能用日本本国的牛肉或者澳大利亚的牛肉替代美国牛肉吗？”

可即使用其他产地的牛肉替代美国牛肉，且做出来的牛肉饭的口味和以前一样，那么能供给的牛肉最多也只能满足100

家门店的需要。

实际上，我们之前曾经设想过发生不能从美国进口牛肉的事件，并模拟了相应的解决方案。我们当时之所以这么做，并不是为了应对疯牛病可能带来的影响，而是认识到了过分依赖美国牛肉可能产生的风险。

在日本发生疯牛病的两年之前，我们就发起了名为“牛肉专题”的研究，验证使用美国之外产地的牛肉是否能够制作出具有吉野家特有口感的牛肉饭。在一年半的时间内，项目负责人走遍了全世界的牛肉产地，进行调查。

我们调查的地方除了澳大利亚之外，还包括位于中南美洲的巴西、阿根廷等牛肉生产大国。但是，我们发现将零星找到的能够满足品质要求的牛肉集中起来，最多也只能维持 100 家门店的需求。在这种情况下，想要持续提供满足所有门店，并且能够满足吉野家牛肉饭品质需求的牛肉是不可能的。平日里支持吉野家的顾客都是“重度用户”（heavy users），也就是所谓的回头客。如果给这些顾客提供的牛肉饭与平时的牛肉饭在口感上有不同的话，那么这些人就会发现“这不是吉野家应有的味道”，会让他们感到失望。吃一口就能马上知道是不是吉野家的牛肉饭，这些顾客的存在对于吉野家来说是一种自豪。如果让顾客失望，就会对品牌的未来产生不良影响。相比现在可能承受的损失，对未来可能造成的损失才是真正的风险，而且这种风险更为巨大。

因此，这也是我们决定在现有库存牛肉用完之后，在能够从美国重新进口牛肉之前，暂时停止牛肉饭销售的最主要的理由。

吉野家的顾客绝对不会认同那种徒有外表的替代品。在情况变好，能够再次满足顾客需求之前，暂停牛肉饭的销售，当时我已经做好了这种心理准备。

当天，我就要告诉顾客、公司员工、合作伙伴以及媒体，在能够重新进口美国牛肉之前，暂停牛肉饭的销售。

接下来，就是怎么将这个决定告诉大家。对于公司员工和合作伙伴来说，在早上开完会之后，马上就可以告诉他们。还好，因为美国那边的消息是晚上传送过来的，所以才能在一早召开这些会议，才能让公司员工和合作伙伴在上班后的第一时间内知道相关的情况。对于顾客，我们当天会在各门店告知他们发生的事情，第二天还会通过报纸和电视等渠道告知他们。我们还会召开记者见面会。这样，当天就必须确定的“吉野家接下来该怎么办”这一基本问题安排好了。

有人担心，如果“牛肉饭吉野家”不再有牛肉饭的话，会不会对公司经营产生影响。实际上，对于这一点，我当时并没有太大的担忧。

除了公司有一定的资金之外，我更多是因为对吉野家的体系和机制抱有信心。在此之前，吉野家已经形成了非常完善的运营机制，从原材料的采购到保存、加工、运输，厨房设备的选择和配置，厨房操作规则，以及门店开设等，各个环节都很完善。

之所以能形成这种机制，是因为松田瑞穗在之前就考虑到所有这些根本问题，并开始规划，从而创造出这种无与伦比的价值。这是通过一次又一次的研究和试错，才形成的完美体系。

因此，吉野家这种在内容建设和进行改革过程中所表现出来的能力，使其在即使不再销售牛肉饭，而是销售其他食物的情况下，依然能够运行良好。换句话说，松田瑞穗用尽全部精力制作出这种体系方法，并通过牛肉饭的形式将其表达出来，这也是吉野家的特色。

有幸继承了这种宝贵财富的我们，即使不能继续销售牛肉饭，也能够制作出不输于其他任何一家企业的产品。虽然可能由于不能继续销售牛肉饭，公司的销售业绩在短时间内会受到影响，但是我确信，通过我们的努力，再加上员工们的技能和热情，我们在短时间内就能够创造出不输于其他餐饮业连锁企业的销售额和利润，让公司扭亏为盈。

朝令夕改

从美国牛肉进口禁令生效的第一天开始，为了研发出能够取代牛肉饭的新产品，公司上下都动员起来进行新产品的研究。

在相关企业的帮助之下，我们马上提出了咖喱饭、猪肉泡菜饭、鱼子三文鱼饭、鸡肉饭、麻婆豆腐饭等替代方案。

咖喱饭是采用吉野家旗下咖喱饭连锁店“POT&POT”研发的咖喱，结合吉野家的特点开发的一种日式咖喱饭。鱼子三文鱼饭则是借鉴了京樽（KYOTARU）海鲜三崎港的产品，并利用其出色的原材料采购能力而开发的一种产品。鸡肉饭则是九州地区等吉野家门店在两年前就开始销售的一种产品，我们在原来的鸡肉饭之上加了半熟的鸡蛋，作为点缀。

只看文字，大家可能会觉得开发新产品非常简单，但是在这过程中，我们面临着巨大的困难和挑战。

首先，留给新产品准备的时机非常不好。疯牛病问题出现在12月24日，虽然我们想采购新产品所需要的原材料，但是再过几天，作为合作伙伴的供应商和生产商就开始进入新年假期。也就是说，在放假之前的4天时间内，我们要确定2004年开年后分批次上市销售的新产品，再与供应商和生产商进行交涉，最后确定采购的订单。

在这种情况下，在东京证券交易所12月30日举办的“大纳会”上，吉野家向公司股东公布了此次事件的相关信息。现在回想起来，当时行动的速度真的是前所未有地迅速。

替代产品方面，在最开始的一段时间，全日本所有门店都要销售的产品只有咖喱饭。之后，由于原材料采购等问题，不同地区的门店根据自己的需要对产品进行了调整。除此之外，在只销售牛肉饭这一种食物的时候，不需要刀具等特别的炊具，而此时由于缺少用于制作新产品的炊具，所以开始的时候，只能用半成品进行制作。

之后，我们也曾经尝试做过很多种类的食物。在这个过程中，不知道否定了多少种方案，也不知道浪费了多少食材。

“试错”这一概念说起来非常简单，但是实践起来却非常难。在试错过程中，由于总是不能确定最终的方案，试错的主导方以及试错的实施方两者之间的关系开始变得微妙起来。

更换新的方案意味着需要更换一线人员的操作方法手册。好不容易才确定下来的操作方法手册，一线人员用两天多的时间让所有员工熟悉，但是现在方案又被否决了。这种半途而废的事情出现几次之后，任何人都会变得焦躁不安。

“怎么又换了！好不容易才让所有员工熟悉操作方法，这不是折腾人吗！”

“这不是我的命令，是上面的命令！”

“那你就找上面的人去说！”

如果继续放任不管，一定会出现这种局面。内部的分歧对组织来说才是致命的，在事态发展到无可挽回之前，我要告诉大家：“有一个词叫作‘朝令夕改’。意思是早上说的话，傍晚的时候就改了。之前，这个词主要用来形容一些不好的事情。但是现在，对吉野家来说，早上拟定的方针，傍晚的时候就可能有另外一个更加有效的方案，希望大家用这种积极的态度去看待。如果没有这种‘朝令夕改’的行动力，那么我们就不可能战胜这场危机。因此，我们应当鼓励‘朝令夕改’这种做法。在未来的三个月内，无论发生什么事情，大家一定要心平气和，应当学会接受变化、挑战变化。只有这样，才能在半年时间内让一切恢复正常。”

“只要有牛肉饭，一切问题都会迎刃而解”的这种想法才是最大的敌人

2004 年 2 月 10 日，库存的美国牛肉终于用完了。当时，很多人赶在暂停提供牛肉饭之前，纷纷涌进了吉野家在各地的门店。看到这一幕，很多店长都面带惆怅之色。

暂时不能给一直支持吉野家发展的顾客提供牛肉饭，对此，我本人也感到惭愧。但是，正如前面所述，我对吉野家未来的经营发展完全没有一点悲观的想法。相反，我最担心的是，员工们的心情会因牛肉饭这一具有代表性的商品而变得松散懈怠。

我前面曾对吉野家经历破产的原因进行了分析，认为激进的规模化发展导致门店店长的水平下降，此外再加上产品口感的下降以及价格的上涨最终导致了吉野家的破产。实际上，原因并不仅是这些。吉野家破产的最根本原因在于组织分裂，每一个人都朝着不同的方向前进。

公司管理层的意见莫衷一是，有的人明哲保身，有的人则将失败的原因推到别人身上。人们彼此之间不再信任，而是开始相互指责，推卸责任。这导致组织从根基上开始腐烂。

不仅是吉野家，任何一家公司的经营不善都不是某一个人的责任，而是组织自身阻碍了公司的发展。

无论事态多么紧急，只要确认了事情的进展，大家同心同德，朝着同一方向前进的话，组织就绝不会走向失败。因此，我将记者会讲话的原文刊登在公司内部的报纸之上，以此向全体员工致歉。

“电视上播放的我在记者会上的讲话有几处容易引起大家误会的地方，我在此做出更正。在我的发言中，记者们只关注‘在我有生之年，不会再发生类似的情况’这一部分。但如果将注意力放在这部分的话，大家可能会有一种悲观的情绪。实际上，在上面这句话后面，还有更为重要的内容。”

“面对这种状况，我们公司的员工并没有退却，而是以比平时更加饱满的热情进行工作。”

“回顾我们公司的历史，大家会发现，每一次的危机都会转化为下一次腾飞的机遇。”

后面这些话被电视台的编辑给删掉了，但是，这才是我想要表达的内容。

（公司内部报纸临时号 2004.01.15）

相信当时不需要做特别的解释说明，很多人也会明白其中的道理。但是，当时吉野家已经发展成为一个员工人数达到2万人的企业，为了避免误解的产生，我还是要特别小心的。因为有可能会由于“当时的解释不够”，导致员工内部产生分歧和分裂，进而导致公司走向破产。人类乍看上去是一种能够冷静理性分析的动物，实际上又非常感性。

在停止销售牛肉饭之后，虽然员工们齐心协力、团结一致，但是在2004年上半年，吉野家还是出现了27亿日元的亏损。

当时，受到美国牛肉禁令风波影响的企业不只吉野家一家。其他受到影响的同行们用牧草饲养的澳大利亚牛肉或者中国牛肉替代美国牛肉重新销售牛肉饭，并且基本维持了之前的销售水平。

由于彼此之间的门店距离很近，在看到对方这么做之后，有的店员开始动摇，认为“我们的客人被他们抢走了”。说实话，有一瞬间我自己也有一种“要做牛肉饭”的冲动，内心也有一种自负，认为“如果我们重新做牛肉饭的话，会做得更好，即使不用美国牛肉，也能做出类似口感的牛肉饭”。

虽然有这种想法，但是我内心还是有一种对美国牛肉的执念，这种执念告诉我：“并不是能卖牛肉饭就万事大吉，我们卖的是‘吉野家牛肉饭’这一品牌。”

松田瑞穗及吉野家的员工们研发的吉野家牛肉饭曾经一天就卖出过 80 万份。因此，我们这一代人的使命不是将这种传统丢掉，然后创造其他的牛肉饭。我们要做的是将一直以来备受顾客喜爱的“吉野家牛肉饭”继承下去，将顾客的信任永远保持下去。

因此，虽然顾客对类似牛肉饭的“猪肉饭”评价也不错，但这终究是个似是而非的东西，所以我最初并不想选择它。但是，因为很多员工认为这是牛肉饭最好的替代品，在美国牛肉进口限制期限不断延长的情况下，我们不得不将猪肉饭加入菜单当中。

2004 年 3 月之后，吉野家陆续做过猪肉饭、红烧肉香菇饭、牛铁锅膳，当年年底又研发了牛肉烤肉饭；2005 年，研发了牛肉烤肉套餐、猪肉生姜烧套餐和鸡肉炭火烧饭等，进行了许多尝试。

虽然我确信公司的经营并不会因为缺少牛肉饭而出现不稳定的情况，但是在开始的一段时间内，我知道还是有员工对此表示担心。因此，我告诉他们："放心吧，在前辈们的努力之下，即使所有门店关门1~2年，也能照常给你们发工资。"

而且，我进一步强调："对于我们来说，最大的敌人是期待美国牛肉进口禁令解除的'等待心理'以及认为只要有牛肉饭，一切问题都会迎刃而解的'依赖心理'。你们要摒弃这种想法，将全部精力集中到现在已经走上正轨的工作上。"

在采用新的菜单半年之后，吉野家终于实现了扭亏为盈。这也证明了只要员工们齐心协力，即使没有牛肉饭，吉野家也能够生存下来。这也是让我们感到自豪的地方。

“真让人上火”

执行美国牛肉进口禁令的时间，超出了我的预期。开始的时候，我想进口禁令最长也就半年。可实际上，半年之后又延长半年，接着又延长半年，进口禁令解除变得遥遥无期。

牛肉饭重新上市后第一天门店外排起了长队

2005年12月，美国牛肉进口禁令发布已经两年。终于，日本政府决定重启美国牛肉进口。

听到这个消息后，我们开始着手准备在最短时间内恢复牛肉饭的销售，并计划在过年后的2006年2月11日开始销售牛肉饭。但是，1月20日，美国牛肉进口禁令解除又暂停下来。

原因就是，成田机场检疫站在检查美国进口牛肉的过程中，发现牛肉中掺杂了牛的脊柱，而根据疯牛病防治对策，这部分应当从牛肉中剔除。因此，美国牛肉进口的重启又被推迟了。

“真让人上火！”

此时，公司内外充满了愤怒的叫喊声。如果我这时候试图用“没办法的事”“再忍耐一下”等话语安慰大家的话，那么一线人员的士气就会受到打击。因此，我马上也学着他们的方式大叫了起来。

企业最高管理者的话在向下传递的过程中会产生扩大效应，因此，如果一开始就传递错误内容的话，只会让失望和压力在公司传播。员工们已经开始着手准备再次销售牛肉饭，想一扫之前的郁闷，公司气氛也变得沸腾起来，这时候如果给他们当头泼一盆冷水的话，那么他们就失去了宣泄感情的渠道。

因为我能够切身体会到一线员工“干的什么混账事”这种

牛肉饭重新上市活动中使用的彩色毛巾

愤怒的情绪，所以为了让他们宣泄这种情绪，我想我需要首先发泄出愤怒的情绪。

其实，我自己也有很多不满想要表达。但是，我能够做的只是通过我的表现，缓解一下一线人员的愤怒，让他们能够平静下来。但是不管怎样，能够达到这种效果也是令人非常高兴的。

恢复销售的日子

美国牛肉进口禁令延迟之后，又经过8个月，也就是2006年9月18日上午11点，牛肉饭恢复销售的日子终于到来了。从吉野家停止销售牛肉饭开始，已经过了950天。

在正式开始销售牛肉饭之前的9月4—5日，我们分别在东京和大阪两地，召集东西地区的店长，召开了牛肉饭重新上市的宣誓大会。

我当时讲话的部分内容现在还保存着。

终于到了9月18日上午11点，时隔950天后，牛肉饭重新上市。重新上市的牛肉饭价格是，中碗380日元，大碗480日元，当天限量销售100万份。

对重新上市的牛肉饭而言，品质、服务以及卫生都是

牛肉饭重新上市当天（2006 年 9 月 18 日）

非常重要的，但是，最为重要的还是“重现牛肉饭的味道”。因此，大家应当特别注意产品的品质，不要慌张，应当小心翼翼地制作出美味的牛肉饭。

美国牛肉进口禁令只是暂时性的，为了能够制作出我们希望的口感，我们用两年多的时间等待。顾客也对我们抱有很大的期待，“吉野家应当能给顾客提供满意的牛肉饭”。对于我们来说，虽然速度已经成为我们身体的一部分，但是这次大家可以多花一些时间用心做好。我们不剩下一碗，自豪地将美味的牛肉饭提供给客人，认识到这一点，并将其告诉自己和其他人，这是我们管理者的期望。

我们要把所有事情都一步一步地准备妥当。但是，世上总是会有逆风的时候。

对于逆风而行，从我自身而言，有时候会让我有一种挫折感，有时候则会让我奋起反抗。在此过程中，我发现自己活到这么大竟然也有这么一面。

在这种逆风环境中，大家咬牙坚持了下来，让公司扭亏为盈。对此，我深表谢意。

我们要把从前人那里继承来的理念，继续坚持下去。为了让世人认为吉野家的决定是正确的，是主张正义的表现，我们必须在这场战争中获得胜利。我们大家一起竭尽全力，奋勇前进吧！

面对新的舞台，让我们共同努力！

（公司内部报纸 2006 年 9 月）

当时，我在吉野家全日本门店店长面前讲了一件事，就是我在本书序言部分介绍的有一位顾客给吉野家捐赠了 200 万日元，以及信中写的故事。

从那位匿名的顾客那里，大家感受到了激励，开始热血澎湃。

从牛肉饭停止销售到重新上市的两年零 9 个月时间内，虽然也有过后悔的时刻，但是这其中的努力以及经历都是我们值得为之自豪的事情，也是我们的动力来源。

此时，我们不能忘记吉野家从克服无法提供牛肉饭所带来的危机中得到的收获，我们应当将这个故事在年轻员工中一代又一代传递下去。

牛肉饭重新上市的时间是上午 11 点钟，当时在全日本各家吉野家门店等待的客人们已经排起了长长的队伍。当店长宣布“重新开始销售牛肉饭”之后，所有门店都响起了顾客拍手庆祝的声音。

上至店长，下到兼职人员，所有人都难以抑制涌出的感动，哭了起来。对于大家来说，这种看似理所当然的“销售牛肉饭”行为竟然是一项包含惊喜，让人尊敬的事业。大家再次切身感受到了“一切为了顾客”的理念的真正含义。

与不知其真实身份的“怪物”进行斗争

在停止销售牛肉饭的约两年半时间内，为了在没有牛肉饭的情况下，让公司走上正轨，我倾注了全部的精力，全身心投入到公司的经营管理中，同时，我也成了呼吁尽早重启美国牛肉进口的餐饮业的代表。

煽动舆论的媒体对这件事的误解以及偏见在社会上引起了民众的不安，不知道从什么时候开始，疯牛病问题成了政治家们讨论的话题，但他们却没有对食品安全问题进行正确的讨论，并采取正确的应对措施。如此一来，反对进口美国牛肉的运动也开始扩大。结果，我就成了希望能够尽早恢复美国牛肉进口的餐饮业企业及顾客的代言人及代表。

之前，吉野家舍弃了对牛肉饭的依赖思想，不断专注于新的挑战，认为贸易问题是国家问题。但是现在，吉野家作为行

作者与驻日美国大使卡罗琳·肯尼迪（Caroline Bouvier Kennedy）在日本餐饮协会派对上

业代表，面对数千万美国牛肉的消费者，以及烤肉店、牛排屋等雇用了数十万劳动力的企业，必须尽早解决禁止美国牛肉进口的问题。在纠正社会上对美国牛肉的误解及偏见的过程中，我也感受到了前所未有的压力。

不管怎么样，这属于食品安全问题，应当设定明确的标准，排除可能存在的风险。因此，对于食品安全标准制定的问题，世界上（特别是最早发生疯牛病的欧洲国家）很早之前就开始了相关标准和对策的研究，同时相关研究成果和对策建议也已经被世界动物卫生组织（OIE）所采纳。之前，我曾经与时任农林水产大臣亀井善之（已去世）共同参加了NHK电视台的“第9新闻节目”（不知道为什么，我们两个人被安排在两个房间接受采访）。

当时，我首次明确提出：“食品安全需要科学设定相关标准，采取相应的管理措施，并确保标准得到严格执行。然而，食品是否可以放心食用属于情绪问题，每个人的情绪会有所不同，因此难以制定统一的标准。对此，我虽然感觉不安，但并不能据此就将食品排除在外，这是不合理的。同时，对于应对疯牛病对健康造成的问题，应先摘除病毒聚集的牛身体的四个部位，然后限定进口的牛肉仅限于尚未形成疯牛病感染蛋白质的年龄在20个月以下的小牛的牛肉。如果能够做到以上两点的话，就可以排除潜在的风险。”我同时指出，这是全世界通用的标准。

但是，日本政府以及当时的农林水产省于2000年9月在日本发现疯牛病案例的时候，为了消除社会上的恐慌，采取了检查所有整牛的方式，而且将这种检查方式作为唯一的手段。实际上，这种检测方法的有效性并没有得到其他国家的认可，同时这种检测方法耗资巨大，是只有日本采用的一种“放心对策”。

从当时的经历中，我知道了无论从理论上看多么正确的事情，也并不一定能说服对方，从而达成一致意见，这是现实中确实存在的。

在这期间，我好像完全陷入与不知道真实身份的“怪物”进行的一场不知道什么时候才能结束的战斗当中。这是我人生中第一次承受这么大的压力。

虽然，代表行业奔走是一件苦差事，但我也能在这个过程中遇到很好的朋友。

当时，我担任日本餐饮服务协会（JF）的副会长，在参加协会活动的过程中，也经常与一些团体和专家合作，与政治家和政府的公务人员进行跨领域合作，以解决存在的问题。当时，加藤一隆任日本餐饮服务协会的专务理事，我从他身上感受到了一种奉献精神，一种为了维护行业和顾客利益而奔走的工作热情。

不久后，我担任了日本餐饮服务协会的会长，经常与加藤一隆一起为促进行业发展，举办各种协作活动。这对于我来说是非常宝贵的财富，在此，我要表达对加藤一隆的感谢。

第六章

回应有关对吉野家的
“不可思议”的认识

坚持单一产品的原因

之前，我给大家介绍了我与吉野家一起成长的过往。

如果将这些话对别人说，很多人会对我说，“这真是一家不可思议的企业”。但对我而言，除了吉野家，我没有在其他企业工作过，因此并没有感到它有什么不可思议或其他特别之处。不过，吉野家好像确实有一些与众不同的地方。

从一名打工的兼职员工，成长为公司的最高负责人，很多人对我说，我的人生经历本身就不同凡响。

其实，我并没有什么特别的才能，只是因为得到了卓越人物的眷顾，包括现在担任吉野家社长的河村泰贵以及其他管理层，他们中的很多人之前也是吉野家的兼职人员，这在吉野家并不是什么不可思议的事情。要让我说的话，不存在吉野家这种现象的企业才是不可思议的。

不过，被大家认为是不可思议的，一般都是少数派。现在，吉野家除了牛肉饭之外，也销售其他食物，但制作这些食物的原材料基本上也是牛肉，是牛肉饭的一种派生产品。现在，吉野家还是维持单一产品的格局。如果从这方面看的话，吉野家确实是与众不同的。

按照一般的逻辑，如果只有一种产品的话，会让顾客感到厌烦。“因为顾客会感到厌烦，所以要增加产品种类”，“因为顾客会感到厌烦，所以要做出改变”。在这种情况下，很多企业会尽可能增加产品的种类。如果只有一种产品的话，那这种产品也很可能变成一种不稳定因素。

也就是说，可能这一种产品在某一时间段广受欢迎，但是存在被顾客“厌倦”的潜在风险。对此，吉野家的想法却完全不同。虽然有些大言不惭，但吉野家将全部身家都赌在“吉野家的牛肉饭不会令顾客感到厌倦”上。

虽然我一直认为松田瑞穗创造的吉野家牛肉饭是一项非常了不起的发明，但是当牛肉饭质量下降的时候，顾客也会流失。因此，在不断反省之后，我决定继续以品质为第一要务，坚持品质本位的发展战略。

顾客会因时代的变化而变化，虽然我们不会改变产品最根本的要素，但是会思考在产品中增加什么要素（或者减少什么要素），以满足顾客需求，会逐步对产品进行改良。

比如，我们这几年采用的熟成肉就是这种改良的结果。相比传统做法，在制作熟成肉的时候，我们会提前两周将牛肉从冷冻仓库中拿出来放到专用的发酵冷藏仓库中，通过调节环境温度，让牛肉进入睡眠状态，从而增加牛肉的美味，改善牛肉的口感。我们认识到单一品种的缺点，但是这种单一品种也让吉野家产生了自己的优势。

如果产品种类太多，但是自身又应付不过来，就会造成产品味道的下降以及对产品价格控制能力的弱化。经过多年摸爬滚打探索出来的快速服务模式、团队人员组合等合理的生产计划以及高效的生产效率都是建立在只有牛肉饭这种单一产品的基础之上的，所有这些因素创造了吉野家的价值。

也就是说，通过提供独一无二的价值，让顾客感到满意就是我们的目标，这与那种只一味强调单一品种的概念性的单品主义完全不同。单品是创造吉野家价值的手段，是一种工具。

因为能够将全部精力用于牛肉饭的制作，因此企业的经营战略能够更加深入，员工对商品的热情不输于任何其他企业，这就是单品战略的优势。初看上去，单一商品品种好像是企业的弱点，但是通过追求深度的方式，吉野家克服了单一品种的局限性，这真的是非常值得自豪的事情。

事实上，在疯牛病暴发之前，吉野家每家门店的日均顾客数量为 700~800 人，每月的平均销售额大约为 1000 万日元，利润率基本上稳定在 15% 左右，等等，这些使得吉野家拥有令人羡慕的市场占有率和收益率。

不管怎么样，正是通过不断打磨牛肉饭这种单一品种战略的优势，吉野家才有了如今的成就。我一直强调，不能忘掉这一原理和起点。

从兼职人员
成长为公司社长的原因

经常有人问我："你们是如何做到对包括最末端的一线员工在内的员工进行培训的？"与其他企业相比，吉野家在人才招募和培养方面还真是有一些不同之处。

首先，吉野家招聘正式员工的方法有两种：一种是应届毕业生通过考试进入吉野家，成为一名大学生员工；另外一种就是社会招聘，而通过社会招聘招来的员工很多都是兼职人员。

出身一流大学，通过吉野家入职考试的人应当是非常优秀的，本身具有较高的潜力，从公司未来发展的角度来说，也需要招募一定数量的大学生员工。因此，应届生与社会招聘人员在起点上是存在差别的。但是，学历的作用也仅仅体现在起点上。

在100米赛跑中，如果在起点上存在10米的差距，那么想追赶上来是非常困难的。但是如果是马拉松比赛的话，数十米的差距不算什么。在企业中，员工之间的竞争不是短距离赛跑，在吉野家通过社会招聘招来的员工中，有很多人通过不断努力，缩小了与大学毕业生之间的差距，还有人在短时间内追赶上了应届生，甚至超越了应届生。

在员工们进入公司之后的人力资源绩效考核方面，学历没有任何作用。考核的时候，考核人员不会问被考核人员“是什么大学毕业的”，也不会查看员工的履历表，我们关注的只是员工进入公司后的履历，也就是人力资源记录。

因此，吉野家不存在学校派系，一切都要依靠进入公司后的业绩和个人能力。即使在起点上存在差距，也不需要太在意。进入公司后，要将学习到的东西应用到工作当中，只有这样才能创造属于自己的未来。

从大的方面来说，进入公司后，即使在某些方面对公司做出了贡献，这种贡献也不会永远存在。而另一方面，即使犯了错误，吉野家也不会永远将错误记在员工的头上。也就是说，当下是否活跃，是否对公司做出了贡献非常重要，吉野家没有时间让员工沉溺于过去的成就，被过去的失败经历所束缚也是没有任何意义的。面向未来，现在该如何前进，才是最重要的。

新人一年后
能够成为店长的原因

虽然强调评价只看个人的业绩和能力，但是在吉野家，对员工进行评价的方法却非常简单易懂。

新员工进入公司后，首先会被安排到各家门店一线工作。

吉野家总部的各个部门，其主要功能是为各家门店提供支持，或者负责领导各家门店，所以不管今后被分配到哪个部门，新员工首先需要体验和明白吉野家门店的工作方式和方法。

在一线工作积累经验的过程中，那些被认为是优秀的员工很快就会被任命为门店店长。

门店店长的任命权限在高于店长一级的地区经理手中，如果地区经理认为“那个人虽然年轻，但是具有领导才能”的话，就可以任命其为店长。

进入这一阶段，已经与学历没有任何关系，因为有的人工作一年之后就被任命为店长，所以吉野家不存在论资排辈的情况。也就是说，我们看中的只是员工是否具有领导才能。那么，在提拔任命店长的时候，吉野家的判断标准是什么？

当然，具备团结员工、在掌握门店全部情况的基础上准确做出指示的能力非常关键。此外，被考察人员还要具备坚韧不拔的意志、对上级指示的领悟力和将其付诸实施的行动力以及制定发展目标的组织力等能力。在这方面，员工需要具有逻辑思考能力以及运用数字的领悟力，这些能力都可以在工作中，通过不断积累经验获得。所以，只要有兴趣、认真工作，就能逐步提高自己的技能，同时提升自己的能力，从中发现更多的乐趣。

个人的成长出现停滞不前的情况，一般都是因为自己不愿意付出努力。也就是说，是高兴地工作，还是愁眉不展地工作，取决于个人是否用心以及是否努力。

有的人在工作一年后就成了店长。那么，在这种情况下，评价的标准就变得更加明确了。

那就是，每月抽查销售额的增长率、劳动效率等经营数据，然后进行客观评价。如果这些数据不断提高，而且店员们也比以前更加勤奋工作，组织团队得到改善的话，那么评价自然会提高。

这些店长在此基础上，会被任命为规模更大的门店的店长，再不断积累经验，下一步可能会被提拔为地区经理。所以，无论员工是没有经验的新人还是家庭主妇，吉野家都会依据每月的评价结果，给予其获得月度表彰的机会。而每月的评价也会对员工的奖金和涨工资的比例产生影响。因此，同一时期进入公司的员工，在几年之后，就会拉开差距。

如果几年之后成为地区经理的话，那么公司对其的评价就是建立在对其辖区内 7~8 家门店业绩的评价基础之上的。如果在地区经理职位上也做出了不错的业绩，那么就有可能被委任其他职务。有的人会就此进入公司总部，成为营业部长、董事甚至社长，这种晋升的渠道对所有员工都是开放的。

简单地说，在吉野家，职务的升迁都是建立在是否取得了大家认可的成绩（数据），以及是否培育下属员工发展的基础之上的。在吉野家，不存在一些人工作马马虎虎，但是因为属于某一派系就得到晋升的情况，因为在吉野家根本就不存在派系这一说法。

很多媒体之前用“从兼职人员成为公司社长的男人”这种标题报道过我的经历，这都是因为从松田瑞穗时期开始构建的一种机制，那就是只要努力做出成绩，这种成绩就会以薪资报酬和职位升迁这种简单直接的形式体现出来。

在吉野家的企业文化里，从兼职人员做到公司社长，绝不是什么令人不可思议的事情。去掉一切不透明的因素，排除学历、性别、思想、宗教、民族等因素的影响，将发展的机会平等地提供给每一位员工，我想这就是吉野家的优良传统。

允许员工问“为什么”的理由

在吉野家，另外一件令人不可思议的事情就是，当下级和上级的意见发生分歧时的解决方式。

每当有机会，我都会鼓励员工：“有什么不明白的事情时，要说‘我不明白’；对公司的经营方针有不同意见的时候，请大胆地说出‘我是这么认为的’。”

如果对员工的疑问置之不理，那么就有可能让其产生不满情绪。让每个人发表自己不同的意见，那么就可以改善公司情况，加深对事情的理解。正是因为存在这样的机制，吉野家才存在顺畅的沟通渠道。但是，决策是上级制定的，员工应当全力以赴去执行上级的决定。这种机制就犹如改良了沟通渠道，在公司内部培养出一种积极向上的氛围。

因此，“为什么”“不明白”等这些不太符合日本传统文化的回答方式，在吉野家是被允许的。现在这些公司的领导有一个共同之处，那就是在他们年轻的时候，一旦有疑问，不会置之不理，而是会盯着自己的上级刨根问底，他们当年就是这么一群任性自我的年轻人。

如果怎么都不能理解公司的方针政策和做法，也曾多次向上级反映，但是问题始终得不到解决，而且自己坚信自己是对的，那么就可以越过自己的直接上级去问更高一级的管理者“为什么”。

可能员工会和自己的直接上级产生分歧，而直接上级可能基于自己的误解或者偏见，不能对员工的疑问做出正确的解释。在这种情况下，员工可以向更高级的管理者求证，此时员工可能就会恍然大悟，“原来是这么一种情况”。

如果这样还不能让员工对上级的解释表示满意，我就会对员工说：“你们可以过来找我。”

我一直告诉自己要尽可能多地倾听年轻人的意见。我不认同这么一种观点：不是所有人的意见都值得倾听。对方提出的意见是否值得去听，只有听过之后才能知道，更重要的是，我不想让员工带着情绪去工作。

听了对方讲述之后，如果我认为对方错误理解了上级的指令，那就尽可能用通俗易懂的方式将指令的意思告诉对方。如果对方已经正确理解了上级的意思，但是仍然不愿意去执行指令的话，那时再放弃也是可以的。但是一般情况下，我的语言中都包含着信任，所以在听了我的解释后，大部分员工都会说“我明白了”。

说真心话，作为企业负责人，我对事物的理解能力非常不错。如果有人向我询问，我会滔滔不绝地向对方进行解释。

松田瑞穗作为吉野家的创始人比较独断，无论做出什么决定，都不向别人解释，“马上行动起来！不要说什么废话，马上做起来”，这就是松田瑞穗的行事风格。但是，他不会因为自己当时的心情和所处的环境，说一些不合时宜的话。这背后其实是松田瑞穗的做事风格，当你明白他话中所包含的深意的时候，就会对他佩服得五体投地。

正如本书第二章所介绍的，松田瑞穗的话很多都像名言警句，只是一句率直的话，所以很多人不能马上理解其中的含义。这时，我就会按照自己的理解去向下属解释松田瑞穗的话，在这个过程中，我扮演着翻译官的角色。正是由于这个原因，我养成了一定要解释到对方完全明白的说话方式。

重视上下级关系的管理者自然不用说，即使员工当中也很少有人会完全不理解我所要表达的意思，对此，我还是有一定自信的。我说过，如果有员工不认同我的话，可以过来找我。

“明确词汇含义”的原因

吉野家经常被认为是喜欢制定目标的企业。为了团结员工、共同促进公司的发展，需要制定相应的目标，但是，制定让所有人都认同的目标是非常困难的。目标有两种主要因素：“数字”和“终点”。

即使听的是同一句话，每个人对听到的话的理解也是不同的。此时，如果在其中加入一些数字的话，那么大家的理解就会趋于一致。如此一来，大家对论点才能形成共识。而且，为了提高认同的程度，大家可以想象一下到达目标时所看到的风景，就会感受到兴奋和奋斗的意义，从而让自己充满力量。

如果要让员工行动的方向一致，那么就需要明确定义公司内使用的专业词汇的含义。

吉野家的门店已经遍布日本，并在世界各地开花，因此，要有统一的服务标准。一个小小的解释错误，就会在工作中造成很大的差异。因此，吉野家形成了使用“统一词汇”的文化习惯。

例如，公司使用记事本大小的《连锁经营必须掌握的1001个词汇》手册作为教材。

这个手册是面向连锁经营相关从业人员的，作者采用的不是词典式的词条罗列的形式，而是在连锁经营的战略或者事务层面，将自己的理解融入对每个词汇的解释当中。

例如，“领导力”（leadership）这个词汇，其解释就是：

“代表一种权威，而不是统治力。所谓的权威就是指被他人所敬服和信赖。权威不是来自所处的位置和级别，不是努力就可以实现的。管理者如果失去权威，那么就会马上失去领导力。在连锁经营模式中，拥有领导力的人才能被赋予相应的管理权限。因此，企业应当发现具有领导力的人才，赋予他们管理的权限。如果一个管理者没有领导力，却拥有组织管理权，那么组织运营就会出现停滞，各种弊端会不断涌现。在日本，连锁经营模式之所以还没有普及，主要是因为论资排辈、熟练程度、知识储备等因素使企业将管理权限交给了缺少领导力的人。连锁经营组织理论的核心就是领导力。”（引自《连锁经营必须掌

握的 1001 个词汇》1971 年版）

从松田瑞穗时代开始，这个手册就是我们必须要熟读的，甚至每一个标点都要记住。这个手册从始至终都站在从事连锁经营业务人士的角度，尽可能排除了模棱两可的因素。在吉野家，大家只要正确记住这本书上的内容，就可以给特定的词汇赋予特定的含义。

对于像吉野家这样员工数量众多，而且跨区域经营的企业来说，这是非常有用的。

没有引入自助点餐机的原因

很多人经常问我：“为什么吉野家没有自助点餐机？”我想，很多人对此表示不可理解。

其实，理由非常简单，那就是我一直认为吉野家不需要自助点餐机。至于我认为不需要的理由，就没那么简单了。往大了说，那就是我要坚守吉野家筑地一号店的传统。

筑地一号店的顾客大多都是在筑地海鲜交易市场工作的人，基本上是固定的。而且，这些人在市场上非常忙碌，牛肉饭对于他们来说只是用来填饱肚子的食物。

因此，正如本书第二章所述，“美味、迅速”（“便宜”是进入到连锁经营模式后才加上去的）是吉野家的服务宗旨，根据每位顾客的喜好，为顾客准备好“多肉牛肉饭”或者“多瘦肉牛肉饭”，这是筑地店繁荣发展的原因，也是吉野家事业发展的起点。

我们想将吉野家发展成为顾客愿意带着自己的朋友一起过来，在这里顾客们能够得到一种满足感的连锁店：“在吉野家，我什么也不用说，他们就会给我一份牛肉套餐。你看看怎么样！”

我也曾经在自己最早担任店长的那家位于新宿的小型门店（当时，这家门店的销售额是吉野家最少的）尝试过这种做法，让顾客有一种满足感。我们将经常来店里消费的顾客称为“回头客”或“老主顾”，在吉野家发展的初期，顾客主要是这样一群人，因此店里也充满了活力。

当时，我甚至注意观察过顾客拿茶杯喝水时的角度。现在，我依然有一种强烈的愿望，想在顾客和店员之间建立这么一种联系。

当然，这种江户时代的纯粹的气息和人际关系只能存在于筑地店这种具有亲密空间的地方。对于顾客不是特定人群的门店，这种方法则难以适用，但我依然希望能够保留其中的精华部分。如果能够保留筑地店的氛围，哪怕是一点点，顾客也一定会从其中感受到一些不同之处。这也是我一直以来的愿望。

吉野家顾客期望的，首先就是“美味”。除此之外，来到店里后，马上就有人给端上来一杯热茶，并询问自己要吃些什么；如果餐桌还没有收拾，店员马上就会过来收拾；几十秒之后，自己点的饭就被端了上来；如果茶水喝完了，店员马上给加上。我想，这些都是顾客所期待的。

另一方面，从吉野家的角度来说，因为产品种类单一，所以可以彻底实现快速服务。也正因为如此，吉野家才能提高生产效率，但也难以做到“招待式”服务。

在吉野家，员工和顾客的交流一般只有三次：第一次是顾客进来后，对顾客说“欢迎光临”；第二次是顾客点餐时，对顾客说“您要吃些什么”；第三次是结账时，对顾客说“找您 ×× 日元，欢迎再次光临”。之后就是用快速的服务，让顾客感受到没有被冷落。我并不是说店员不可以和顾客聊天，而是顾客并不期望这种服务。

不引入自助点餐机也是基于这个原因，如果引入自助点餐机的话，那么店员和顾客之间的交流会更少。此外，再加上自助点餐机给人冷冰冰的感觉，筑地和江户文化的那种气质就会消失。这是我不愿意看到的。

这可能也只是我太过任性的想法。从另一方面来看，如果引入自助点餐机的话，那么点餐和结账的时间都会缩短，也不需要专门的收钱程序，工作效率也会提升。而且，在如今的时代，很多人不愿意与其他人沟通交流，不喜欢那些没有自助点餐机的店。此外，再考虑到现金支付可能带来的卫生问题，我也不知道未来会发展成什么样子。

实际上，吉野家之前也曾经做过很多次引入自助点餐机的试验。根据试验提交的报告，结论是："应当引入自助点餐机。没有理由不引入。"

如果只考虑效率的话，当然要引入自助点餐机，但这样做的话，是不是对顾客的一种抛弃？我总有一种感觉，在引入自助点餐机的那一刻，吉野家就不再是吉野家了。在有关这个问题的决策会议上，我第一次以一种缺少理性结论的方式结束了会议（汗）："我知道了，自助点餐机可能有用，但是这交由下任社长决定吧。在我当社长期间，我不想这么做，可能这样不太合理（因为我看中的是店铺的氛围）。在这里，我只能向这些参加试验的人说声'对不起'。"

虽然我忘了当时的具体细节，但后来，现任吉野家社长河村对我说："当时，我是企划部的员工，负责会议的召开和总结。从某种意义上来说，您当时的发言真的是简单明了。"听了河村的话，我才想起了当日发生的事情。

“3 · 11”大地震我们做了些什么

2011 年 3 月 11 日，日本东北三陆海岸地区发生了日本有观察记录以来最大的一次地震，也就是东日本大地震。

地震引发的海啸和火灾造成了重大的人员伤亡，这些事情大家应当都听说过。当时，在日本东北地区，有一家吉野家门店受到了严重破坏。

当时，我们做了些什么？那时的记录现在还有，在这里我给大家简单介绍一下。

地震发生之后，为了应对可能发生的紧急情况，我成立了吉野家紧急对策总部。

首先，我要确认吉野家人员是否安全。这件事主要由事业推进本部负责。之后，我们迅速搜集相关信息。根据搜集到的信息，当时有两名吉野家兼职人员联系不上。这两个人是被掩埋在倒塌的建筑物之下，还是被海啸给卷走了，一种紧张的气氛弥漫在应急总部之内。

接下来，就是确认门店受损情况。如果门店完全被摧毁或者受损程度超过一半，那么重新营业就比较困难，但我们希望其他门店能够正常营业。吉野家与居民的生活密切相关，属于“居民生活基础设施产业”，继续营业是我们的使命。

于是，我在对策总部面向全体工作人员强调了以下内容。

面对这次紧急情况，作为应对措施，我们要彻底执行如下事项：

面对不断变化的情况，我们要不断调整对形式的判断。对策总部的各职能部门应做好应急准备，做好与其他部门的对接工作。

此时正是要发挥吉野家“可持续力”和“机动力”优势、践行吉野家使命的时刻。

我们要做的就是继续营业，让受到破坏的门店尽早恢复营业，更为重要的是，为受灾地区的民众提供热乎乎的牛肉饭。

向受灾地区的民众提供饮食是我们的使命。

面对日本历史上最大规模的自然灾害，让我们一起排除万难，齐心协力，使命必达。

虽然门店重新开张运营非常重要，但我们当时的口号是“为更多的灾区民众送去热乎乎的牛肉饭”。于是，我们派遣了3辆“橘红色梦想号”专用货车，为灾区民众提供紧急食物援助。

3月17日，我们在吉野家公司总部举行了出征仪式。救援团队成员是从日本门店店员中招募的。但是，因为几乎所有员工都要报名参加，最后还是由营业部长指定参加救援队的人选。

救援队进入宫城县石卷市，一辆车每天大约提供1000份食物。此外，又有一辆车加入进来，这样吉野家一天大约向避难所的群众无偿提供3000份牛肉饭。

听说当时救援队的成员将全部食物都提供给了灾民，自己一粒米都没有留下来，真的是非常辛苦。

当然，在以东京为中心的首都圈，吉野家各门店也都处于一种混乱的局面中。虽然没有门店倒塌的情况，但是公共交通工具的晚点造成员工上班迟到，部分外国兼职人员选择回国也造成人手不足。

为此，我们从各地抽调人员支援首都圈：从大阪和名古屋抽调了25人，第一营业总部抽调了30人，工厂抽调了4人，此外公司总部也派人过来支援。

因为吉野家的所有员工都有在门店一线工作的经验，所以大家很快就上手了，例如快速盛米饭和加牛肉。但是，当时的困难主要是电力不足造成的停电问题。受地震的影响，电力供应能力迅速下降，在此后的很长一段时间内，相关地区持续实施着计划性停电。

为此，吉野家马上组织开展节电计划。位于城市郊区的门店关闭了夜间立式招牌的照明，只保留了霓虹灯招牌和店头招牌的照明。此外，在不影响客户体验的情况下，我们还关闭了门店里的空调。

而且，我们告知来到店里的每一位顾客，“现在该地区已经开始停电”。门店准备了计算器和零钱，这样就不用结账系统了。

当时，我们的基本立场就是“尽可能维持营业”，“即使停电，只要煤气不停，就要继续提供牛肉饭”。

接下来，各种信息陆续传到对策总部。

3 月 13 日，在日本北部，有 76 家吉野家门店（青森 7 家、岩手 7 家、秋天 7 家、山形 5 家、宫城 34 家、福岛 16 家）不能继续营业；在第一营业总部管辖的地区，有 27 家门店（茨城 18 家、群马 2 家、枥木 4 家、琦玉 3 家）不能继续营业；在首都圈，第二营业总部管辖下的地区，有55家门店（千叶6家、神奈川6家、东京43家）关门。

如此算下来，就有158家门店关门。此外，还有一些店铺联系不上。因此，我们当时预计关门的门店数量可能会继续增加。

3月16日，关门的北日本门店没有什么变化。但是，随着公共交通工具开始逐渐恢复正常，员工们开始相互支援，首都圈内的很多店铺开始重新营业。

另外，失去联系的2名兼职人员也被确认安全。听到这个消息后，对策总部内响起了欢呼声。

“3 · 11”大地震的影响现在在部分地区依然存在。但是，受灾的吉野家门店在最短时间内恢复了营业，开门迎客。当时，我内心有一种感觉，那就是我们做到了所有能做的事情。

第七章

吉野家的基因

—— 吉野家要成为真正的吉野家

应当拿自己的短处
与对方的长处进行比较

当谈到管理者的话题时，我经常借用松田瑞穗常说的一句话：“很多管理者喜欢拿自己的长处与对方的短处进行比较。这样的管理者看起来是很不明智的，这样做不仅会引起员工的不满，还会导致员工难以培训，同时也难以适应市场的变化。”

松田瑞穗经常以此提醒自己。这真是至理名言。

如果拿自己的长处和员工的短处比较，那么任何时候都是自己处于优势地位，此时，自己内心就会形成一种看法：“他们怎么能这样做？如果是我的话，就会这么做……”如此一来，就会阻碍员工能力的提高。

相反，作为管理者，应当拿自己的短处和对方的长处进行比较。

包括我在内，任何人都有不足之处。这些不足既包括性格方面的，也包括思维和言行方面的。每个人都会倾向于宽容自己的不足，而盯着别人的短处不放。如果过于关注与自己工作直接相关的手下员工的短处的话，那么就会在不知不觉间拿自己的长处对比员工的短处。对此，松田瑞穗指出：不能这样做。

我们应当去思考对方的长处是什么。比如，有些人看上去活力不足，但是这个人可能具有较强的思考能力，能够对事物进行深入思考。长处和短处经常是事物的两个方面，没有人只有长处，也没有人只有短处。这就是人的个性。

作为管理者，如果发现员工具有自己没有的长处，应当对其进行引导，将其长处用于工作当中。这样，员工就能弥补管理者的不足，管理者也能在此过程中，发现自己应当改善的地方，从而在工作当中形成良性循环，获得好的效果。其实，我们稍加思考就应该明白，人们经常习惯于对自己宽容，所以这一点实践起来是非常困难的。因此，松田瑞穗所说的话，还是有其价值的。吉野家的每一名员工在为公司尽力尽职之前，他的首要工作是为顾客提供服务。如果能够牢记这句话，不管这个人性格如何，一定能够在发展道路上找到自己的生存之道。

领导应当具备的素质

在发展形势一片大好的企业中，所有员工都在为企业的发展做出自己的贡献。将这些人带入到更高层次是管理者的职责。

为此，作为企业管理者，应当注意以下事项：

第一，把自己置于上级的位置去思考自己的解释是否有偏差，并要有俯瞰全局的客观姿态；

第二，对上级要敢于提出不同意见，对下级要严格要求，如果不能获得上级和下级的喜爱，就不能说自己很好地履行了职责；

第三，在日常工作中，将大家的共识发扬光大，是一种公司文化的传承，而不是功德；

第四，如果过于专注工作，视野就会变得狭窄，因此应当多倾听外部的意见；

第五，企业的发展受限于管理者的人格和能力。因此，作为管理者，应当为提高自己，不断钻研；

第六，为了避免员工的误解，应当用简单、通俗易懂的方式将自己的决定告诉员工。

我上述的这些总结，既受到松田瑞穗的影响，又是对自己在吉野家经历过的各种成功与失败的总结。

我进入吉野家的时候，吉野家的年轻人很多。经历吉野家破产和重组的时候，我也只有 30 岁。当时，很多与我同龄的人过来征求我的意见。

为什么会这样呢？分析起来，首先是管理者应当具备的素质的第一条发挥了作用。例如：自己在做店长的时候，经常以地区经理的角度思考问题；成为地区经理之后，又以营业部长的角度思考问题；成为营业部长之后，又以公司经营者的角度思考问题。因此，如果能够站在自己上级的角度思考问题，那么就会发现上级所表达的意见之中的合理性。

当自己对上级心存不满的时候，如果能够客观审视上级是如何看待自己的，那么就会发现自己思维的狭隘性，这样也就不会表达出一些无聊的不满，对待工作也会更加积极。

松田瑞穗曾经说过，那些只会站在自己的立场上看待事情的人，“视野不要变得狭窄，要多听听外面的意见”。同时，他也强调“那些只会空口说大话的人成不了气候”。

认真思考，客观分析事情和剖析自己，这两点是企业管理者应当具备的素质。

在松田瑞穗的管理理念之下，吉野家重视培养具备上述两种素质的管理者，这些人又将这种管理者的素质传递给下一代吉野家人。只有这样，这种素质才能称得上是真正的“吉野家基因”。

讨论之后，
最后按照上级领导的决定去执行

企业出现问题，大部分都是因为企业内部出现了分裂。松田瑞穗曾经指出："那些在不合适的时间、针对不合适的对象或不合适的内容提出批评的人才是组织的破坏者。"

如果有意见，那么就应该将自己认为正确的意见通过合适的方式告诉对方。那些在背后说他人坏话的人，不仅会给公司造成不良的影响，同时也会降低自己在别人心中的可信度。

上面所说的管理者应当具备的素质就是为了警示这种情况的出现。

员工既可以向上级，也可以向下级阐述自己的观点。为了维持组织的正常运转，应当有人站出来，向下级表达自己的想法，同时还应当真诚地、不卑不亢地向上级表达自己的意见。

如果为了给别人留下好印象，不想发生争执，从而将自己

想说的事情烂在肚子里，内心的不满得不到发泄的话，那么就很难发挥自己作为一名员工应当发挥的作用。

有些人在应该提出批评意见的时候，如果三缄其口、避而不谈，那么他们只会向自己的下级和同事抱怨。如此一来，悲观的观点就会在公司内引起共鸣，最后变成所有人都相信的事情。这会破坏组织的稳定性。

因此，如果一家企业的员工都在该对某些人提出批评的时候避而不谈，都愿意当老好人的话，那么这家企业就危险了。对该批评的人提出自己的意见，然后进行充分的讨论，如果还存在分歧，应当遵从上级领导的意见，这才是健康组织应当具备的状态。

由具有正能量的 5% 的人领导的组织

一个组织中总是会有带有正能量的人和带有负能量的人。

5% 带有正能量的人，无论自己处于什么样的环境，总是会基于自身的经验，从面对的挑战中学习到一些有用的经验，然后将学习到的经验应用到未来的工作中。相反，具有负能量的 5% 的人，经常对现状持一种不满的态度，对一些事物总是持有悲观和否定的意见。

这两种人在公司都是比较特殊的存在，其比例各占 5%~10%。这两种人的影响力都非常大，剩余员工会根据不同情况，选择跟随上述两种人中的一种。

绝大部分员工的态度都是会变化的，如果这些人被引向了负面，那么这个组织就会变成对任何事物都持有怀疑观点的组织。特别是在外部环境恶化的时候，否定性论调更容易获得支持。此时，持有怀疑和不满的员工人数就会增加。而且，对于这种现象，如果员工表面表示支持，但背后却表示反对的话，那么整个组织就会变得不稳定。

吉野家之所以能够走到今天，就是因为有一些管理者在逆境当中没有被否定性的论调所支配，而是以积极向上的态度，发挥自己建设性的影响力。

作为一名长期担任公司负责人的管理者，我要对那些在困境当中没有被负面情绪所支配，而是发挥自身正能量的人表示感谢。而且，企业在以后的运营过程中，要想获得发展，就必须创建能让具有正能量的人发挥领导力的环境。

正确的意见
能够得到重视的企业

此外，企业还必须重视正确的意见。这一点，我是在吉野家重组的时候，从作为重组代理人的增冈章三先生那里学到的。

对于破产后的吉野家，无论是社会舆论、媒体，还是经营顾问等，都发表评论认为“因为只有一种产品，所以顾客会感到厌倦”，“店铺的设计不能吸引女性顾客”等。在吉野家发展顺风顺水的时期，松田瑞穗不断扩大企业规模，那时，很多人都将他看作时代的宠儿，但现在却都调转了枪口，开始批评他的做法。

但是，增冈章三先生没有被社会上否定的意见所左右。从申请《公司更生法》以来，通过改变导致顾客人数减少的味道和价格这两大因素，吉野家当时拥有的门店的销售额稳步回升。在此过程中，增冈章三先生眼里看到的只有客观事实。

也就是说，产品品种单一以及不受女性欢迎并不是导致问题产生的原因。吉野家首先要解决的是导致破产的因素，并将吉野家恢复到原来的样子。增冈章三先生透过表象，看到吉野家只靠单一产品就可以生存下去这一事物的本质。

当时，身为吉野家重组负责人的增冈章三先生站在了正确观点这一边，使得吉野家继续沿着正确的道路前进，从而在短时间内实现了企业重组，并走到了今天。如果当时增冈章三先生迎合了社会上的声音，也认为“这样下去不行，应当增加产品种类，重新设计店面”的话，那么吉野家会变成什么样子，真是让人不敢想象。

从这件事可以看出，企业负责人能够认清事物的本质、指明正确的方向，会在很大程度上影响企业的命运。

另外，企业想生产出被市场认可的产品，要依靠一线员工的努力。如果员工们被社会上的声音所蛊惑，失去了奋斗的动力，那么公司业绩就会受到影响，而这又可能会误导负责人的判断。

当时留在吉野家的员工们，一边努力工作，喊着“不能让吉野家的灯熄灭了”，一边在增冈章三先生面前大声议论。他们讨论的是“虽然社会上的人都那么说，但实际上我们应当怎么做”这类的话题。通过这种方式，我们终于找到了符合吉野家自身情况的正确意见。当时，增冈章三先生不带任何偏见，每次都会认真倾听员工们的讨论。

所谓的“吉野家的基因”，就是指吉野家是一个善于听取正确意见的企业，如果管理层有可能将企业引向歧途的想法，那么员工就会站出来发对，这就是“吉野家的基因”。

一般情况下，组织的规模越大，负面的力量也会越大。但是，我确信吉野家是一个尊重正确意见的企业，这种基因在未来会继续延续下去。

不弄虚作假的公司

企业员工所拥有的幸福感，包括其家庭所拥有的幸福感，首先来自其对归属于某一组织所产生的自豪感。

因此，企业要能够满足员工的这种需求，让员工感到自己的工作对社会是有意义的。此外，利益分配应当合理，工作环境应当舒适，这是企业必须具备的两个条件。

如果企业一边向员工灌输工作的社会意义，一边让员工在恶劣的条件下进行工作，就是对员工身体的剥削。无论是从社会层面，还是从工作环境层面，应当让员工从内心认同企业所做的事情是对的，我坚信吉野家就是这样一家企业。

因此，吉野家不会在经营数据上弄虚作假。

有些企业会根据自己的需要对经营数据弄虚作假。例如，人工费用不计入成本，利用对供货商的优势强制对方弄虚作假，让自己公司的收益看上去增加了。

如果这种虚假数据被员工识破，而且企业还狡辩的话，那么就会失去员工对其的信任。与其如此，企业还不如堂堂正正、认真地做事。这样，在关键时刻，所有员工都会积极主动地与企业一起努力渡过难关。

实际上，这也是我从松田瑞穗那里学到的。之前我也曾讲过，松田瑞穗是一个非常精于计算的人，他的一些做法在当时的餐饮业都是让人难以想象的。而且，对于包括兼职人员在内的员工，他以分钟为单位计算工作时间，然后支付包括加班费在内的相关费用。

因此，员工会认为“这是一家不会弄虚作假的好企业”。这种在工作中产生的信任和自豪感会转变成员工工作的动力。而且，这种方式给工作带来的积极影响也会扩大到整个公司，甚至会影响顾客。

对于那些不知道吉野家内部工作情况的顾客来说，在一线门店工作的员工的工作情绪会自然地传递给顾客，他们的幸福感和充实感也会传递给顾客。

所谓的信任就是在一些目所不及的地方产生的。

有些东西必须要做出改变

一般情况下，当一个人被委任新的工作后，他就会尝试做出一些改变。特别是更换经营管理层和管理者的时候，在自我实现的心理作用下，这些人会试图做出一些改变。

我也曾经试图做出改变，也为此迷茫过。最后我发现，在决定哪些是不能改变的基础上，其他都是可以改变的。所谓的不能改变的东西，可以简单理解为一个企业的基因。吉野家有6种价值观，第一种就是“美味、便宜、迅速”。

但是，在“美味、便宜、迅速”这三大要素的先后顺序上，吉野家会根据市场的发展动态进行调整。创业阶段，因为只有筑地店一家店，鉴于其位于海产品交易市场内的特殊性，所以吉野家仅提出了“迅速、美味”这两点，没有将“便宜”考虑在内。吉野家当时考虑的就是为顾客提供每天都吃但也不会感到厌倦的“美味”，以及能够在最短时间内为顾客“迅速”提供牛肉饭。

但是在走出筑地，开始追求连锁经营模式的时候，吉野家就将“便宜”这一因素加入其中，进而促进了店铺的爆发式增长。但是，当店铺数量超过一定限度后，食物的口味、质量开始下降，同时对“迅速”的追求也开始消失。

经过反省，通过破产和重组，吉野家决定以“美味”为第一要素，努力改善食物的口味。在我担任公司社长之后，日本进入通货紧缩时代。于是，吉野家再次将目标对准了“便宜”。

但此时并不是以牺牲“美味”为代价，而是在保持“美味”的前提下，逐步提高“便宜”的优先级别。

换句话说，就是遵守应当守护的东西并顺应时代的发展。在忠诚地实践普遍性原理的同时，准确掌握市场（顾客）的需求变化，通过自我革新适应市场的需求。如果能够实现上述两个目标，并将其作为吉野家的基因继承下去的话，那么顾客是一定不会抛弃吉野家的。

在通货紧缩日益严重的时期，在餐饮业，一些企业单纯追求降低产品价格，但是这种降价是建立在牺牲食物口感的基础之上的，这种做法不利于企业长期价值以及品牌形象的塑造，是一种反潮流的做法。

在不降低产品质量的前提下降低产品价格，单位食物所产生的利润可能会减少。但在此过程中，如果能够减少浪费、降低成本，同时增加顾客数量，那么就可以提升品牌力。

无论提供食物的速度多么迅速、价格多么便宜，如果不能保证产品口味的话，也得不到顾客的持续支持。特别是对于产品单一的吉野家来说，没有任何东西值得去牺牲“美味”，这种认识是不能改变的。

数据只是一种目标，不是目的

在吉野家的基因当中，有一个关键词，那就是“数据”。

如果仅仅用语言传递信息的话，可能会发生令人不可思议的事情，会经常让人将信息的真实含义理解成相反的意思。为明确每个人的职责、顺利推进协同作业，数据是一种不可或缺的工具。

但是，如果仅仅依赖数据，不对手段进行筛选的话，那么很容易造成失误。因为此时，达成数据目标就成了最终目的。

数据仅仅是设定目标的一种工具，并不是目的。企业需要记住，在使用数据设定目标的时候，需要添加相应的论据以说明这样设定数据的目的是什么，以及如何实现数据目标。也就是说，“数据的翻译”是关键。

松田瑞穗是一个特别关注数据的人。在我成为吉野家正式员工的时候，松田瑞穗就已经用网络将不断扩大的店铺与公司总部连接起来了。这样除了能够掌握每天的销售额之外，在对所有产品盘点之后，还能够掌握当天原材料的使用量，并在此基础上，通过自动化方式决定每天的原材料配送量。

当时，能够做到这一点的企业凤毛麟角。除此之外，还有一项数据，恐怕只有吉野家在做这项数据的统计，那就是“剩饭量”。松田瑞穗认为，剩饭过多是顾客对食物品质不满意的一种抗议。通常来说，来到店里消费的客人应当是在这里能够吃饱，而且喜欢吃牛肉饭的人。那么，这些人就应当将牛肉饭吃干净。因此，当出现剩饭的时候，可以想象一定是什么地方出了问题。

比如：如果白米饭剩得过多的话，可能是因为汤汁的量太少了；如果米饭油光锃亮的话，可能是由于锅里面的油没有刷干净。

如果剩饭超过一定的数量，那么就可以认为这中间一定有什么问题，然后对此展开调查，提出改善的方法。“剩饭量”就是为了这个目的而收集的数据。从20世纪70年代开始，吉野家就已经频繁收集这样的数据了。不久，在吉野家并入西武饭店的时候，对方对吉野家的这种做法感到异常吃惊。但是，就是这么一位将数据作为工具，并将数据使用得炉火纯青的人，竟然对财务毫不关心，从而导致公司在规模急速扩大的过程中，陷入经营危机。

我一直将“数据非常重要，但不是目的”这句话铭记于心。

发展与稳定之间的平衡

20 世纪 70 年代后半期，吉野家开始进入高速发展时期，店铺数量不断增加。但是后来因为发展失控，公司破产。

在我进入吉野家的 1972 年，吉野家在东京中心地区只有四五家门店。之后，门店数量超过 10 家，扩张的速度开始加快。在全日本开始布点之后，吉野家进入高速发展时期。年轻员工在企业规模急速扩大的过程中，通过高强度的劳动，掌握了工作技巧。

趁着年轻，在处理超过自己能力之外的大量工作时，员工养成了给工作分出先后顺序的习惯。在同时推进多项工作时，先完成优先级别高的工作，将优先级别低的工作往后拖一拖。这种在短时间内做出取舍的技能只有经历过高强度体力劳动的人才能掌握。

这些年轻时经历的体验究竟有多少能够转化为自己的能力？无论经历了什么样的挫折，员工在这个过程中锻炼出来的是吉野家要求的最核心的能力。

还有就是，增冈章三先生和金井健夫先生告诉我的正相反概念以及“安全性”的重要性。在推进新的事情或者做出新的决定之后，如果事情不能按预期发展该怎么办，以及为什么出现这种情况，如果在分析原因后，事情还是进展不顺利的话，那么独裁式经营就会导致管理者身败名裂，现在我还记着这种惨痛的教训。

所谓的安全性，在吉野家破产之后，我深刻领悟到了其中的真正内涵。

没有无用的经验

根据我以往的经验，从兼职人员到公司社长，在这期间，无论工作内容是什么，都对我的成长有所裨益。

例如，我现在也不能忘记在新宿东店任店长时的经历。新宿东店是一家日均顾客数量不到100人的小店，所以无论什么工作，都需要按照最原始的方法去做。虽然我在这家店仅有半年的时间，但我在这家店学到了在不利的条件下维持产品品质所需要的技术和服务的精髓。

此外，在担任新桥店店长的时候，一天的顾客人数高达6000~7000人。虽然都被称为店长，但是因为新桥店的店员人数多，所以我在这里学到了不同层次的管理技巧，体会到了管理工作所蕴含的乐趣。

在担任九州地区总部本部长的时候，为了开设新的门店，我做过各种工作。通过新项目开拓这种全业务型工作，我发现了生意的乐趣以及内涵的力量。在这两年的时间里，虽然工作忙碌，但我有一种充实感，这也成为我担任公司社长的起点。

也就是说，我每天做的事情中没有毫无价值的。但是，为了避免做无用功，也应当避免让自己过分沉溺于忙碌之中。在此过程中，要让自己经常保持警醒，提高意识，竭尽全力不断挑战新事物，这一点非常重要。

如此，自己周围发生的一切事情都会成为自己成长的教科书。“做这种事是没办法”，“真的不行了”，这种消极的态度才是我们最大的敌人。

一定要克服危机

在吉野家的基因当中，克服危机是最具有代表性的基因之一。

在这方面，我最刻骨铭心的经历可能就是从破产的境地中走出来。

从 1983 年起，在 Saison 集团的支持下，重组后的吉野家用 4 年多时间偿还了全部 100 亿日元重组债务，完成了重组计划。

而且，在 3 年后，也就是 1990 年，公司股票开始在证券交易所交易流通。经历过这其中的种种，我切身感受到“人间万事塞翁马”。

开始，自己并不是特别清楚《公司更生法》是什么，也未曾想过破产申请会被批准。当时，我脑子里想的就是自己对松田瑞穗做到仁至义尽之后，就辞职不干了。追忆往昔，我感觉当时自己能够有这种高风亮节的想法，真是不得了。

一开始，面对破产危机，松田瑞穗就一直主张通过《公司更生法》，申请破产。面对别人的质疑和反对，松田瑞穗一直没有退却和让步。如果当时松田瑞穗放弃了自己的主张，那么吉野家也将走到历史的尽头，“吉野家的基因”也将被其他无关的人拿来用作宣传，从而成为另外一种完全不同的东西。

破产申请通过之后，负责吉野家破产重组的增冈章三和金井健夫两位先生鼓励我们，“我们一定会让吉野家重组的，大家不要放弃”，并带领我们克服困难，实现吉野家的重组。在破产重组申请是否能获得批准，重组是否能够顺利实现，这些都未知的情况下，公司员工依然忘我工作。

正是因为有了这些不曾放弃的人，才能最终实现吉野家的重组。也因此，在经历风波之后，成为吉野家负责人的我也开始具有一种不抛弃、不放弃的精神。

2004 年 2 月，当吉野家停止销售牛肉饭的时候，在做出这一决定之前召开的全体门店店长大会上，我说：“胜利之前永不放弃，所以，我们一定要取得胜利！”

虽然牛肉饭停售风波让吉野家第二次跌入谷底，但在此过程中，我一直坚信吉野家一定能够克服这场危机。

当时，很多顾客一直翘首以盼，等待吉野家牛肉饭重新上市。而且，我们还有勇于克服困难的员工。所以，不放弃、勇于挑战也是我们自然而然的选择。

挑战才是培养人才最有效的途径

当时，我之所以能下定决心说出“胜利之前永不放弃”这种背水一战的话，是因为我之前曾成功地走出了破产重组风波。而我之所以能够成功走出这场风波主要是因为我在 20 多岁时曾不辞辛苦地努力。

当时，我一个人要经常做两到三个人的高强度工作，而且每周的工作时间达到了 80 小时。我就是在这么一种高强度的劳动环境中坚持下来的。在记住 1000 名顾客的长相和名字的同时，我还要记住每位顾客喜欢的口味。但是，年轻员工并没有觉得这是一种痛苦的折磨。

很多同年龄段的年轻人在一线工作中充满了活力，从而使得门店的数量也不断增加。吉野家是一个付出就会有回报的地方。虽然困难重重，但是只要能够克服这些困难，自己一定能够从中获得成长。

吉野家的工作环境能够激发人们的干劲儿和斗志。在这里，员工完全感受不到“压迫感”，有的只是更加深入的乐趣。因此，工作就是在这种想做事的心境下开展的。

可以说，吉野家充满了挑战精神，松田瑞穗就是一个具有挑战精神的人，喜欢带领员工挑战不同的事物。因此，在吉野家工作，自然是会碰到一些挑战的。

在疯牛病危机爆发的时候，为了另寻商机，我们抱着“既然这样，我们就证明没有牛肉饭也可以做得更好”的想法，研发了各种新的菜单。在此过程中，这些坚持不懈的员工的技能和经验都得到了很大程度的提升，他们在精神上也变得更加强大。

这种精神用语言表达可能略显平凡，但能够促进人和企业的成长。吉野家就是这么一家企业，在这种精神的支持下不断成长壮大。

我从吉野家学会了这些，也真心希望吉野家能够继续教会大家更多的东西。

自己去做，
让工作变得更有趣

人的能力真的是一种非常有意思的东西。如果一个人在某一时期集中精力、全身心工作的话，那么他的技能就会得到快速提升。也就是说，在这一刻，量变转化成了质变。在经历过艰辛的一线工作后，很多人发现自己的工作开始变得有趣起来。我想，这也是吉野家的一种基因。

为了完成任务，在努力完成、达成目标之后，不断积累经验，这时你就会对现状感到不满足，于是会主动去寻找新的问题，并尝试解决这些问题。在此过程中，你会突然发现工作变得有趣起来，进而开始追求更高的目标。

至于那些基本上完成了工作，但是其自身却没有成长起来的人，大概就是以下这两种人：不会主动寻找和挑战更艰苦的任务，不能从工作中寻找到乐趣的人；无论是在肉体上，还是精神上，之前都没有尝试过高强度工作的人。

回顾我自身的经历可以发现，我有时会在自己的职权范围之外，去尝试挑战一些艰苦的任务。相比达成简单任务的目标，挑战更加困难的目标并实现它的时候，获得的喜悦感会更多，拥有的幸福感会更高。吉野家应当具备这种基因。

不能忘掉创业者的精神

从上面的故事中，相信大家已经知道，我最看重的是我们作为松田瑞穗创立的吉野家继承人的身份。

松田瑞穗最后担任负责人的美国学习考察活动

正如之前所说，作为吉野家创始人的松田瑞穗对原本与多喜锅类似的牛肉饭进行了改造，将豆腐、竹笋、魔芋等食材从牛肉饭中剔除，“因为顾客喜欢牛肉”，所以开发出只有牛肉和洋葱、外表简单朴素的牛肉饭。

松田瑞穗曾经说过：“可有可无的东西，最好不要。如果有的话可能会更好，这样的东西也可以不要。要集中全部精力做好那些必须要做的事情，只有这种用最好的手段去对待的东西才是产生价值的源泉。”吉野家的牛肉饭就是这么诞生的，吉野家也形成了“美味、便宜、迅速”的基本理念。

松田瑞穗研发出来的牛肉饭具有很高的价值。除此之外，吉野家独立的系统和操作方法，大大提高了劳动生产率和人才培养能力，这些都不是简简单单就能实现的目标。因为具备了这些完善的条件，所以吉野家才能在短时间内实现重组。

正因如此，在重组的过程中，我重新学习了松田瑞穗创业的动机和精神，希望再一次听到创立了吉野家品牌的松田瑞穗的声音。于是，在这种想法的支配下，当吉野家并入到 Saison 集团之后，我去了松田瑞穗家几次，向他报告了吉野家的发展现状，并咨询了他的意见。

就任公司社长之后，我更是将继承松田瑞穗创立的吉野家的基因，并使之不断进化和发展作为我最重要的任务。

实际上，在成为公司社长之后，我曾经几次邀请松田瑞穗担任公司的咨询顾问。当然，这背后也有我想回报松田瑞穗知遇之恩的意思。我想通过这种方式创造机会，让那些不知道作为吉野家象征的松田瑞穗的人能够与松田瑞穗直接接触。

但是，松田瑞穗没有马上答应我的请求，并多次表示拒绝。当时，我们之间是这样交流的：

松田瑞穗："你让我过去干什么？"

安部修仁："不是，我并不是想让您具体去做什么……希望您能经常给我们提提意见……"

松田瑞穗："没有具体工作，还给报酬！我不是乞丐！"

最终，我还是说服了松田瑞穗，让他担任吉野家的咨询顾问。于是，松田瑞穗提出，"那就组织一次年轻人的培训吧"，于是大家组团去美国考察餐饮服务行业的先进做法。

这真的是一种不可思议的缘分。当时赴美考察的人员当中，就包括现在吉野家的社长河村和宣传部长半田。当时，正值吉野家创业百年，我要求他们"好好向松田瑞穗学习，仔细聆听他的人生经历和那个时候的故事，然后将这些内容整理成一本小册子"。

我想，这对于他们来说是一种非常宝贵的经历。从美国考察回来，松田瑞穗就住进了医院。当时，查出来他处于癌症晚期。从发现他患了癌症到其去世，只有短短几个月时间。

我经常去见松田瑞穗这件事，可能是 Saison 的管理者以及破产重组代理人不希望看到的。可是，增冈章三先生、Saison 集团的堤清二先生与和田樊明先生都知道我去见松田瑞穗，但他们不仅装作不知道，而且也因此对我更加信任，这也是我之后才知道的。虽然彼此的立场不同，但是大家都对吉野家的创始人心怀尊敬之意。

从这一点上来看，我得到过很多贵人的帮助，在此我对他们深表感激。正是因为有了这些人，我才能发挥自己的才能，吉野家的基因才能延续到今天。对此，我要铭记于心。

培养能够肩负起
下一个 100 年的后继者

企业发展的过程就是人才培育的过程。

有一次，当被别人问到“如果挣了 1 亿日元，你会干什么”的时候，松田瑞穗马上回答说：“用于人的教育。”

以比其他任何企业都高的时薪招募兼职人员，给年轻人才报名参加费用昂贵的培训班，每次提供新机会的时候都给员工相应提高工资待遇，可以说，松田瑞穗在人才投资上从来都是毫不吝啬的。

“人才投资”这一松田瑞穗根植下来的吉野家基因现在也被继承下来。目前，吉野家有很多人才，我相信这些人无论去什么地方都能独当一面。

被看作是明治时期功臣的后藤新平曾经说过：“留下金钱是下策，留下事业是中策，留下人才是上策。”我以为吉野家培养能够肩负起下一个 100 年的人才为使命。

为了培养能够肩负起企业发展使命的人才，企业需要提前 10 年开始进行这项工作，花费的资金可能达到 10 亿日元。如果要培养 3 名管理人才，那么企业需要准备 20~30 名候选人，还要考虑到失败的可能性。如果企业没有做好这种投资打算的话，就不可能培养出合格的管理者。

因此，企业要提早建立人才培养平台，因为我自己也是这么一路走过来的。

在我们那个年代，我曾经经历过高强度的劳动以及各种逆境，对于现在的年轻人来说，已经不存在这种环境。企业的环境越来越好，但这对于培养管理者来说不是什么好事。管理者是否具有在极端困难的情况下进行思考和努力的能力，并解决困难，对企业而言是非常重要的。

未来的市场会如何发展，难以预测。但是不论处于什么样的逆境，我们在取得胜利之前都要永不放弃。为了顾客，也要取胜。我们必须培养这种具有吉野家基因的人才。

人间万事塞翁马

最后，给大家分享一下我的座右铭。

我喜欢的名言警句很多，但如果让我举例的话，我会说“人间万事塞翁马”这句话。

世间吉凶祸福无常道，祸兮福之所倚，福兮祸之所伏。因此，回顾自己和周围其他人的经历以及公司的发展历程，在感慨“如果没有遇见那个人”“那时候，如果没有发生那件事”时，我们就能真切感受到什么是“人间万事塞翁马”。

我曾经想成为一名乐队成员，在走投无路的时候遇到了吉野家以及松田瑞穗；在大规模扩张店铺的时候，无序的扩张导致产品质量下降，最后引发了吉野家破产风波；但是，经过这次风波后，大家开始思考为什么会出现这样的问题，于是重新回到起点，实现公司的重组。

顺境可能会成为逆境的温床。在深陷逆境的时候，大家首先应当反思导致问题产生的原因，然后尝试去解决问题，而这又成为反弹的动力，从而让事情朝着更加美好的方向发展。

如此一想，在身处恶劣环境的时候，我们一定要相信“情况一定会变好的”，调整自己的心态，实现解决问题的目标。但是，在身处顺境的时候，人容易生出自满之心，从而犯下一些低级的错误。

因此，在万事顺利的时候，我们要不断提醒自己“要注意”“危险哦”。感谢周围那些给我们创造良好环境的人、戒骄戒躁，这才是最重要的。

说到感谢的人，2014 年我从公司社长职位上退下来之后，公司形成了新的以河村泰贵为首的企业经营管理层，我非常感谢那些一直以来支持我、引导我的同事们。在此，我要向读者介绍其中四位发挥关键作用、一直以来都毫不动摇地支持我的同事。

田中柳介，经常站在新挑战和突发紧急事件的最前面，是为我打开局面的热血汉子。

出射孝次郎，一直以来都在创造吉野家商品价值，是一位守护公司利益源泉的商品物流领域的专家。

田中常态，作为参谋一直给我提供大力支持，也是一位将京樽重组上市的才人。

折田昌行，作为公司的二号人物，经常给予我支持，同时也经常促使我打消一些念头，是最值得信赖的顾问。

这四个人也是与我一起退休的人。在公司转换到新的管理架构之际，我想他们内心一定五味杂陈，但是为了吉野家集团的未来，他们毫无怨言地从公司退休，用自己的行动去全力支持新的管理者，他们是值得称赞的人。

没有他们，我不可能开创公司社长的事业。在此，我向他们表示衷心的感谢！

我度过了大半个世纪时光的吉野家，今后会发生什么，我不清楚，人间万事塞翁马。艰辛是迈向幸福的起点，我们要记住向前迈出的每一步。

在万事顺利的时候，应当戒骄戒躁、保持谦虚。我一直将此铭记于心，为了支持吉野家发展的顾客们，公司上下将继续齐心协力、共同努力。

再次向本书的读者以及一直以来支持吉野家的顾客们表示感谢。本书的出版得到了北村启一、饭田健之的大力帮助，我在此向他们表示感谢！

最后，我想向在吉野家最困难的时候用写信的方式给我们鼓励，并捐赠了数额巨大的资金的那位匿名恩人表示感谢。如果您看到这本书，请一定私下联系我。